和華
A Japan-China culture magazine
日中文化交流誌
vol 41

目次

表紙写真／高氏貴博

特集
パンダに夢中。

日中のパンダに会いに行こう！

パンダに夢中。

ジャイアントパンダ。その無邪気な姿と生まれもった「萌え」要素で、世界中に無数のファンを生み出している。特に日本には熱狂的なパンダファンがおり、パンダの行く先々で「パンダ旋風」が巻き起こる。

１９７２年、日中国交正常化を記念して中国からパンダのカンカン（康康）とランラン（蘭蘭）が寄贈され、日本中が空前のパンダフィーバーに沸いた。当時はまだ多くの人が知らなかったパンダの姿を一目見ようと、数時間も並んで見られるのは30秒ほどという混雑ぶりだったという。

また、２０１７年に上野動物園で生まれたシャンシャン（香香）は、待望の赤ちゃんだったこともあって一躍スターとなり、同じような現象が起こった。２０２３年２月21日、シャンシャンが中国に返還されたときには多くの日本ファンが涙を浮かべて別れを惜しんだ。このように、パンダは日本国民に喜びをもたらすだけでなく、日中

写真／CTP

交流の使者にもなっている。

一方、パンダの本場中国でも今、空前のパンダブームが起きている。火付け役となったのは、いまやトップアイドルの「和花」（ホーファー）だ。成都ジャイアントパンダ繁殖研究基地には国内外から観光客が詰めかけ、「和花」の関連グッズも飛ぶように売れているという。

今号の『和華』では、近年のパンダ大スターであるシャンシャンを振り返る特別企画を立て、12年以上上野動物園でパンダを撮り続けている「毎日パンダ」運営者の高氏貴博氏に、シャンシャンが生まれてから5歳までの厳選写真をピックアップいただき、中国での様子もたっぷり伝えていただいた。また、日本でパンダに会える3つの動物園、恩賜上野動物園・アドベンチャーワールド・神戸市立王子動物園をご紹介するだけでなく、中国全土のパンダや中国ならではのパンダのお祝いの過ごし方などもご紹介する。

さらに、今回は事前にパンダ写真ＳＮＳコンテストを開催し、短い募集期間にも関わらず４１９枚もの写真が集まり、パンダファンの愛を感じるコンテストとなった。パンダファンが撮影した感動的な写真を一部誌面で掲載する。そして行政関係者にインタビューし、パンダをテーマにした様々な日中交流活動もご紹介する。今号を通じて読者にパンダの魅力を改めて感じていただき、より多くの人が実際に日中の動物園に足を運ぶことを期待している。

パンダの基礎知識

日本でたびたび大ブームを巻き起こす、みんなが大好きなジャイアントパンダ。一体どんな動物なのだろうか。まずは基礎的な知識をおさらいしよう。

構成／『和華』編集部　写真提供／高氏貴博

BASIC INFO

日本名：	ジャイアントパンダ
中国名：	大熊猫
分　類：	食肉目　クマ科
生息域：	中国南西部の四川省、陝西省、甘粛省など
体　長：	120~180cm
体　重：	70~125kg
繁殖期：	2~5 月
寿　命：	野生で 15~20 年程度

【略歴】1869 年にフランス人のカトリック宣教師であり博物学者でもあったアルマン・ダヴィド神父が四川省から「白黒のクマ」の毛皮を調査のためフランスに送った。1825 年に発見されていた赤褐色の中型動物を「レッサーパンダ」、白黒の方を「ジャイアントパンダ」と区別して呼ぶようになったことから世界に知られるようになる。1936 年にはアメリカの探検家ウィリアム・ハークネスの妻、ルース・ハークネスが世界で初めて生きた赤ちゃんパンダを成都で捕獲し、アメリカに連れ帰った。

丸くて大きな頭

強い力で竹を噛みつぶすのであごから頭まで厚い筋肉がついている。そのため頭が丸くて大きく見える。

白と黒のもよう

はっきりとした理由はわからないが、雪景色にまぎれたり熱を吸収する黒色が手足や耳を冷えから守るなどの説がある。

器用に物をつかむ前足

前足には親指下と小指下の手首あたりにこぶのようなでっぱりがあり、曲げた５本の指と挟んで物をつかむことができる。

基本的には単独行動

パンダは基本的に単独で暮らす生き物だが、繁殖期のオスとメス、また１～２歳までの子どもと母親だけが一緒に過ごす。

よく見られる行動

パンダは木登りが得意。前足でしがみついて木に登る。また匂いでコミュニケーションをとり領域を示す。

来日パンダの年表

1972 年
当時の田中角栄首相の訪中により日中国交正常化が実現。その記念に**カンカン**と**ランラン**が中国から贈られ、上野動物園に来園

1980 年
ホァンホァンが上野動物園に来園

1982 年
フェイフェイが上野動物園に来園

1984 年、「ワシントン条約」でパンダが絶滅危惧の最高ランクに指定される

1985 年
ホァンホァンと**フェイフェイ**の間に日本で初の出産となる**チュチュ**が上野動物園で誕生するも、2 日後に死亡

1986 年
トントンが上野動物園で生まれる

1988 年
ユウユウが上野動物園で生まれる

1992 年
リンリンが上野動物園に来園

90 年代、中国は贈呈から短期レンタルにしていたパンダを長期レンタルに切り替える

1994 年
永明がアドベンチャーワールドに来園

2000 年
タンタンが神戸市立王子動物園に来園。
梅梅がアドベンチャーワールドに来園。
良浜がアドベンチャーワールドで生まれる

2001 年
雄浜がアドベンチャーワールドで生まれる

2003 年
シュアンシュアンが上野動物園に来園
隆浜、**秋浜**がアドベンチャーワールドで生まれる

2005 年
幸浜がアドベンチャーワールドで生まれる

2006 年
愛浜、**明浜**がアドベンチャーワールドで生まれる。
四川省のジャイアントパンダ保護区群がユネスコの世界自然遺産に登録される

2008 年
梅浜、**永浜**がアドベンチャーワールドで生まれる

2010 年
海浜、**陽浜**がアドベンチャーワールドで生まれる

2011 年
リーリーと**シンシン**が上野動物園に来園

2012 年
優浜がアドベンチャーワールドで生まれる

2014 年
桜浜、**桃浜**がアドベンチャーワールドで生まれる

2016 年
結浜がアドベンチャーワールドで生まれる

2017 年
シャンシャンが上野動物園で生まれる

2018 年
彩浜がアドベンチャーワールドで生まれる

2020 年
楓浜がアドベンチャーワールドで生まれる

2021 年
シャオシャオ、**レイレイ**が上野動物園で生まれる

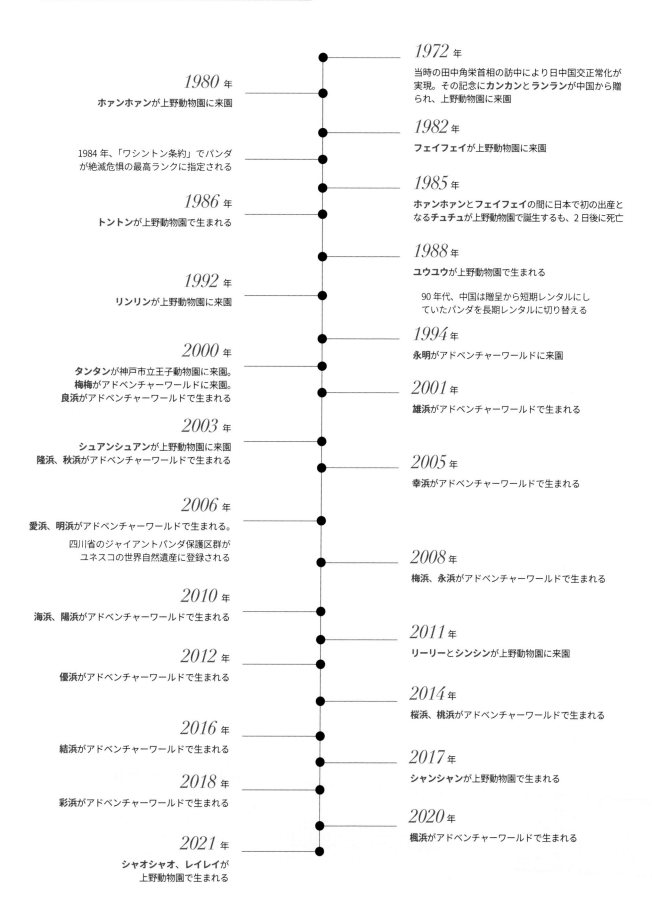

日本パンダ保護協会会長・上野動物園元園長**土居利光**氏が考える

日本人がパンダを好きな理由

構成／『和華』編集部　写真提供／高氏貴博（毎日パンダ）

土居 利光
どい としみつ

日本人はなぜパンダに対して特別な愛情を抱くのだろうか。その理由を探るべく、日本パンダ保護協会会長・上野動物園元園長の土居利光氏(プロフィールはP.8)に「日本人がパンダを好きな理由」をうかがった。

動物好きで甘えが許される日本文化

日本人は、比較的均一化された社会の中でコミュニケーションをとることを前提として生きています。共通意識を持つ文化の中では、その内側にいる人間は仲間と認識され、子どものように特定の者は身内として可愛がられるようになります。子どもというのは甘えが許される存在です。また、日本人は昔からペットも飼ってきたけど、俗に、江戸の道に多いのは「伊勢屋稲荷に犬の糞」と言われるぐらい、身近に動物と親しんできました。そのような文化的背景も重なって、日本人はある程度、動物に自己投影するというか、好きになっていく要素を強く持っていると思います。

「縮み」志向の日本人

韓国人の李御寧氏が『「縮み」志向の日本人』という本の中で、日本人は小さいものに美を認め、あらゆるものを「縮める」ところに日本文化の特徴があると書いていました。そのような「小さいものを好む」感覚を動物に適用している。パンダは体の割には小さいイメージを持っています。子どものような目鼻の位置と比較的大きな頭、ゆったりとした動作、安心感のある仕草など、こうしたものが凝縮されています。だから、小さくまとまった印象をパンダに持つようになり、好きになっていくのです。

子供のように可愛い

基本的には多くの人が子どものことが好きですね。嫌いな人は、多分あまりいないと思います。パンダの形も子どもに近いところがたくさんあります。頭が大きくて顔が丸く、体全体も小さくて丸っぽいです。小さくて丸くて太いものは優しく、可愛く見えます。

また、パンダの座り方も食べ方も、人間の子どものように見えます。あんな風に座って食べる動物はいないです。指を上手に使って、食材を食べる動物はサルの仲間以外はいない。だから、パンダは子どものようなかわいさと愛らしさをたくさん持っています。

黒と白がはっきりしている

パンダは白と黒でしょう？　はっきりくっきり白黒ツートーンに分かれた体色をしています。もしパンダが完全に真っ黒だったら、またイメージが全然違うかもしれないですね。

パンダという言葉の響きはすごく優しい

中国の人はそうではないかもしれないけど、日本人にとって「パンダ」という言葉は、響きとしてはとても楽しい響きです。「ゾウ」や「サル」、「クマ」などとは音としての響きが違いますね。

集合的な記憶

人間の記憶には二つあって、自分の実感がこもった記憶と、歴史で勉強するような記憶があります。人間は現在を生きてるので、過去を思い出すためには脳の中から過去を引っ張り出さなくちゃいけない。そのときに何かの出来事から関連性を見つけて、記憶を引き出します。社会的に大きくなった事象だったら誰にでもわかりますよね。

パンダはその記憶を引き出すメモリーとなっているのです。例えば、1972 年にパンダが来日したとき自分が何歳だったのか。同世代の人間にとってはパンダの記憶が集合的な、共通の記憶になっているのです。

もう一つ、パンダというのは、個々のパンダは全部違っています。例えば 1972 年に来日したパンダと現在のパンダはまるっきり違います。それなのに親と子で会話が成り立つのは、同じ「パンダ」だと思っているからです。昔いたパンダのことをお父さんが話しても、子どもは実感として今見ているパンダを記憶するわけです。パンダというのは集合的な記憶の対象だからこそ、共通の会話が成り立つわけです。

土居さんのまとめ

日本人がパンダを好きな理由については、人それぞれ、他にも様々あると思いますが、パンダには日本人が持っている感覚的要素、日本人が好きな文化的要素など、小さなパンダの中に好きな要素が一つや二つではなく、かなりの数が凝縮されています。パンダは、日本人の好みの集大成に間違いないようです！

パンダは、日本人の馴染みある要素が凝縮された、好みの集大成！

パンダをきっかけに、環境作りへの関心を

上野動物園元園長の土居利光氏は、着任した２０１１年にリーリーとシンシンの来日を迎え、その翌年パンダの赤ちゃんの死も経験した。現在日本パンダ保護協会会長としてパンダの保護活動を続けている。土居氏にパンダに関する様々な話をうかがった。

文／『和華』編集部　写真提供／高氏貴博（毎日パンダ）

写真提供／CTP

力力《リーリー》

真真《シンシン》

土居 利光　どいとしみつ

東京都出身。千葉大学園芸学部造園学科卒業。東京都首都整備局を皮切りに公園緑地計画や自然保護に関する業務に携わる。2005年より多摩動物公園園長、2011年から2017年まで恩賜上野動物園園長、2010年から2021年まで首都大学東京（現、東京都立大学）客員教授を歴任。2016年より日本パンダ保護協会会長。

初めてのレンタルパンダ

２００８年４月30日、上野動物園のパンダリンリンが慢性心不全で死亡して、約35年間続いた上野動物園によるパンダの飼育が途切れた。そして、３年後の２０１１年２月、土居利光氏が上野動物園の園長に着任したその年にリーリーとシンシンが来園。実は、リーリーとシンシンは初めてのレンタルパンダだった。

上野動物園に初めてパンダが来たのは日中の国交が正常化した１９７２年。友好の証しとして、中国側からカンカンとランランを日本に寄贈された。パンダは世界中でも千数百頭ほどしかいないため、絶滅してしまわないように保護されている。国際的な保護が進む中、

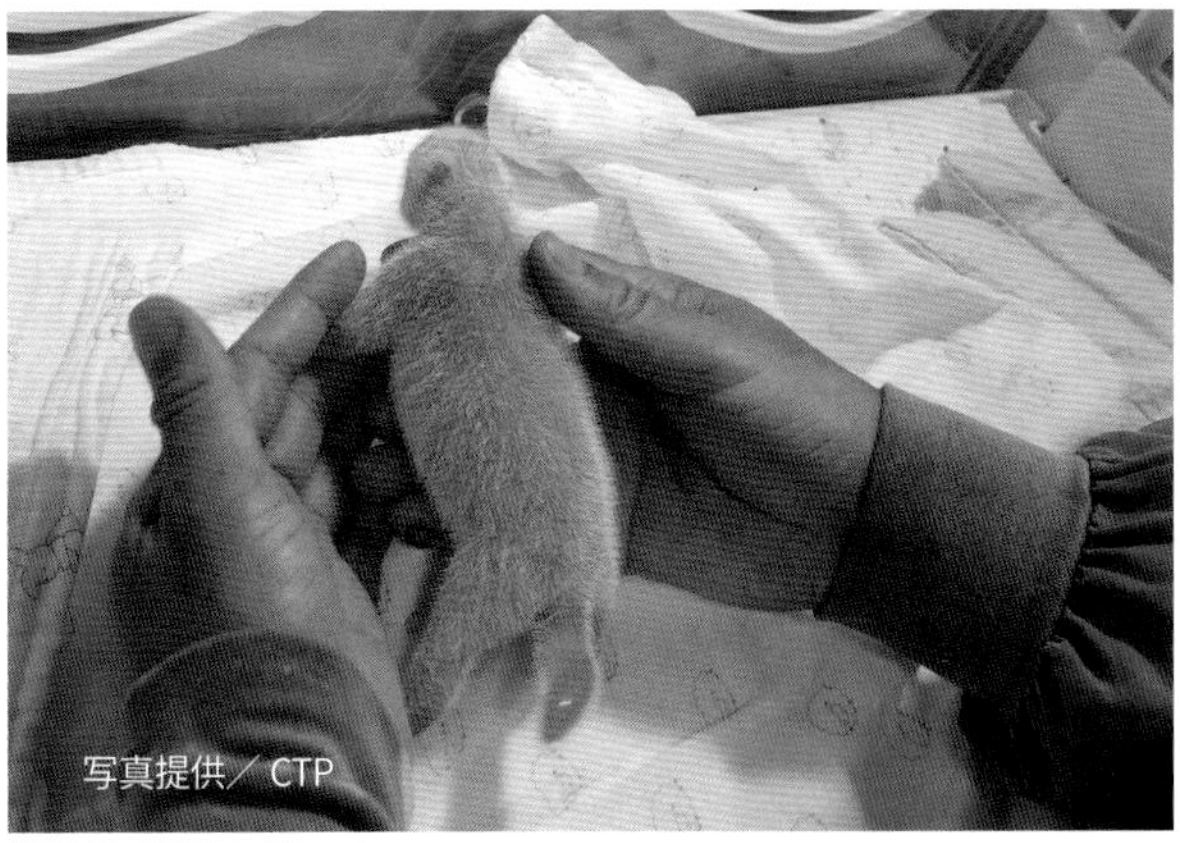
写真提供／CTP

1984年の「ワシントン条約」で商業目的によるパンダの国際取引が禁止され、中国からレンタルすることになった。レンタルの費用はパンダの保護や研究の支援のために充てられている。

パンダの赤ちゃんの死

園長着任翌年の2012年7月5日、シンシンの赤ちゃんが生まれたが、誕生7日目にあたる7月11日の朝に死んでしまった。当時園長だった土居利光氏は、記者会見の途中で大粒の涙を流し、言葉が出なくなった場面があった。

パンダの赤ちゃんの死について、土居さんはこう振り返る。「あの日の朝、上野動物園に行くと、担当の職員が涙を流しながらパンダの赤ちゃんが死んでしまったと告げました。誤嚥性の肺炎でした。もともとそれほど強い個体ではなかったのかもしれない。体重は順調に増えていませんでした。パンダが生まれてからはスタッフが24時間体制で見守っていましたが、ほんとうに残念でした」。そのように話す土居さんからは今でも当時の悲しみがうかがえる。

自然交配の難しさ

2017年6月12日、リーリーとシンシンが自然交配で生まれたシャンシャンは日本中を元気づけた。

飼育下のパンダの世界では、自然交配で健康に成長することは難しいのだという。土居さんから見ると、パンダは個体によって特徴がある。例えばシンシンは毎年発情が正確にくるのではなく、発情が少し乱れる個体で、偽妊娠だったことがある。偽妊娠とは妊娠していなくても妊娠の兆候を示す現象のことだ。竹の採食量が減ったり、出産近くには動きが緩慢になるなど。それがシンシンという個体の特性だったという。

パンダが妊娠する場合、体形はほとんど変わることがなく、お腹も大きくなるわけではない。妊娠したかどうかは見た目には全く分からないため飼育員も困ってしまうのだという。パンダの発情のタイミングをうまく押さえて自然交配で赤ちゃんが生まれてきたということはすごいこと。

シャンシャンが生まれたことを土居さんは中国に行ったときに知らされた。シンシンは、うまく発情してきちんとペアリングすれば妊娠できる個体だと思っていたので、土居さんはシャンシャンが生まれたという知らせを聞いても全く驚かなかったという。

双子を育てる大変さ

2021年6月23日に、雄のシャオシャオ(暁暁)と雌のレイレイ(蕾蕾)が生まれ、コロナ禍の明るい話題となった。パンダが双子で生まれる確率について土居さんにうかがうと、パンダが双子で生まれる確率は48%〜50%ほどで、それほど珍しいことではないという。

しかし、育てるとなれば一頭のパンダと比べ大変だ。パンダの赤ちゃんは最初に裸の状態で生まれ、毛がないため体温もすぐに奪われてしまう。体長10センチほどで体重が100グラム〜150グラムと、とても小さい。母親は自分も食事をしなければならないし、赤ちゃんは抱いてあげなければならない。ミルクもあげなければならない。ずっと見守っていなければならないため、通常2頭を育てるのは難しい。だからパンダの保育は、パンダの親と飼育員が入れ替わりで面倒を見る。

パンダを通して環境作りに関心を

土居さんは中国四川の雅安だけでも、5回は訪問しているという。中国のパンダと日本のパンダについて、特に違いは感じないが、動物園の作り方には違いが大きいという。中国は広いため、パンダは野生に近い環境、つまり森のような環境で飼育されている。

「パンダの保護とは、動物を守るということだけではなく、その生息環境も確保していくことを意味しています。そして、そうした生息環境は、人間の影響下にある環境ともいえます。現在の私たちは、自らが作り出した環境を常に考えていかなくてはならない立場に立っています。ジャイアントパンダを通して、人間を含めた環境づくりを皆さんとともに考えていきたいと思います」と土居さんは話す。

特別企画

みんな大好き！シャンシャン

２０１７年に生まれてから爆発的人気となったシャンシャンは、２０２３年２月21日、惜しまれながら中国に返還された。あれから１年以上が過ぎた今、シャンシャンを振り返る『和華』特別企画。ブログ「毎日パンダ」を運営する高氏貴博さんにシャンシャンの成長や中国での様子をレポートいただき、シャンシャンの輸送を担当した企業には、知られざる舞台裏を教えていただいた。

高氏さんが語る
シャンシャン人気の理由

高氏 貴博 たかうじ たかひろ

「毎日パンダ」ブログ運営者

待望の赤ちゃんパンダ

2012年に自然交配で初めて生まれたシンシンとリーリーの赤ちゃんが生後7日目に亡くなってしまい、「子どもが見たい」「生まれてほしい」とみんなからの強い期待感がありました。それから約5年を経て誕生したシャンシャンは待ちに待った、まさに待望の赤ちゃんパンダだったのです。

みんなに見守られた赤ちゃん

シャンシャンは生まれる前からずっと世の中に注目されていました。「両親のリーリーとシンシンが交尾をしたよ、シンシンが妊娠したよ、もうすぐ生まれるよ、初めて公開されたよ」などなどニュースがある度にネットやSNSでみんなが伝え合い、ネット上で盛り上がりました。様々な段階を経て、注目される中で生まれたシャンシャンなので、みんなが成長を見守ってきたという思いが強いと思います。

顔立ちがスターとして整ってる

パンダはみんなかわいいんですけど、シャンシャンはその中でも特にかわいくて、形も顔のバランスも全て整っていて、本当にパーフェクトなパンダ。どこに出しても恥ずかしくない、まさにかわいいお姫様のようなパンダです。

性格がとてもおてんば

おてんばなシャンシャンは見てて はらはらさせるところがあって、守ってあげたいという気持ちを持たせてくれます。母性なり父性なりをくすぐるところがあります。

写真／高氏貴博

撮り続けて3504日、パンダをこよなく愛する高氏貴博さん

2011年、たまたま立ち寄った上野動物園でパンダを見た高氏貴博氏は、可愛くてしょうがないパンダに一目惚れ。その後、12年以上にわたり毎日休まずパンダの写真を撮り続け、仕事の傍ら趣味として「毎日パンダ」というブログを運営している。多い時は月50万ものアクセス数がある大人気ブログである。そんな高氏さんに、長年パンダを撮り続けられる理由やパンダの魅力、中国のイメージ等を語っていただいた。

文・写真／『和華』編集部

高氏 貴博　たかうじ たかひろ

1978年生まれ、埼玉県在住。ウェブ制作会社に勤務するグラフィックデザイナー。仕事の傍、2011年より12年以上、休園日を除き毎日上野動物園に通い、パンダの撮影を続ける。大人気のブログ「毎日パンダ」を運営。写真集合計10冊出版、テレビ、雑誌等メディア出演も多数。

パンダの写真を撮ることになったきっかけは何だったのでしょうか？

2011年の8月14日、仕事の空き時間に上野公園を散歩していて、少し時間あったので上野動物園に入ってみようかなと、軽い気持ちで動物園に入りました。そこで見たパンダのリーリーとシンシンが本当にかわいくて、一目ぼれをしてしまったのです。

パンダがかわいいのは当たり前なのですが、かわいいだけではなく、形がとてもユニークで寝てる姿もダイナミックです。初めて見たときは、シンシンが大きな桃のようなお尻をこちらに向けて寝ており、その姿が本当に面白くてしょうがなかったのです。とてもユニークな生き物だな、ずっと見ていたいなと思い、その日も何回も並び直して見たぐらいでした。いっそ年間パスポートを買おうと決め、その日から毎日通うようになりました。

1日の最後、仕事が終わった夜に写真を選び、ブログの「毎日パンダ」にアップします。例えばシャンシャンが生まれた日や公開された日、イベントごとの日はアクセスがとても多いです。多いときは月間50万アクセスぐらいになりますね。

毎日パンダを見に行くと、それぞれのパンダの区別はつくようになりますか？

パンダを見るために動物園に通い始めた頃は、リーリーとシンシンの区別は全くつきませんでしたが、1カ月ほど通うようになると、それぞれのパンダの顔が全く違うことがわかってきました。

パンダの見分け方は、顔の形や目の周りのたれ目の形・大きさ・位置などですね。また耳の大きさや耳が付いてる位置、それぞれみんなバランスが違うのです。そういうところで見分けることができます。例えば、リーリーは耳が離れてくっついており、シンシンは丸っこい感じでパンダのお手本のようなかわいらしいまん丸な顔をしています。それからリーリーはとても穏やかですし、シンシンはおやつが大好きなど、性格も全然違うんですよ。

こうして顔が違うことが分かってからは、生活スタイルから行動パターンからどんどん分かってくるようになって、ますます面白くなってしまい、本当にやめられなくなりました。

現在の仕事とどのようにバランスを取られていますか？

毎日パンダを見に行けるのは、職場の理解があってのことです。通い始めて1ヶ月ほどの最初の頃は、出勤前の朝に上野動物園に寄り、少しパンダを見てから出社する形で毎日通っていました。今では、別途勤務時間を確保するという会社との約束のもと、パンダを見る時間を確保していますね。本当に職場に理解してもらい、とても感謝しています。

パンダを見るために、毎日動物園で並ばなければならないですが、私は並ぶのは得意です。動物園は9時半開園ですから、混む時は真冬の一番寒い中、朝の5時から並んだこともあります。椅子に座ってパソコンを開き、仕事をしながら並ぶこともあります。あまり早く進むようなときは、椅子を片付けて立って仕事をします。並びながら仕事することにはもうすっかり慣れましたね。

日本人にとって、パンダはどのような存在だと思われますか？

猫や犬など可愛いペットもいますが、パンダは本当に大切な、雲の上の貴重な存在ですね。パンダはだらーんとしたり、ゆっくりしていたり、のんびりしたり、時には偉そうにふんぞり返って餌を食べたりと、その自由な姿が本当に癒やされるポイントだと思うんです。特にパンダの赤ちゃんは誰が見てもかわいくて、みんなを笑顔にさせてくれる存在です。日本人はかわいいものが本当に大好きで、まさに「かわいい」を愛する「かわいい文化」が日本人にぴったり合ったと思います。

１９７２年、日本と中国の国交が結ばれたシンボルとして、中国から日本に2頭のパンダが贈られました。それがカンカンとランランです。当時は、とんでもないパンダフィーバーだったと聞きました。日本人は子どものときに見たパンダの印象が今に残っているはずです。その世代の人々が年をとり、今度は自分の子どもや孫を連れて一緒に上野動物園にパンダを見に行き、カンカン・ランランの話をしたり、パンダはこんな動物だよと教えるわけです。そのような歴史と物語が繰り返されることで、パンダは日本人の中により深く、どんどん心に染み込んでいったのだと思います。

パンダを通して、中国への見方が何か変わりましたか？

もともと中国は大好きだったんです。日本にとって中国といえば、歴史的にも文化的にも尊敬するイメージばかりなので、学ぶことが多いですね。パンダを通じて中国を学ぶ機会が本当に多かったです。

中国にはずっと行きたかったのですが、毎日上野動物園へ行くことは休めないですし、動物園の休園日は週に一度の月曜日しかないため、なかなか中国へ行くチャンスがありません。これまでに最も遠くへ行ったのは、パンダを見るために行った和歌山県まででした。

そんな私が、シャンシャンが中国に行くとなった途端に一年前から中国語の勉強を始め、いよいよ中国に飛び出すぞと心に決めました。そしてついに２０２３年の11月、念願の中国行きの機会を得ました。行く先はシャンシャンが生活している四川省雅安碧峰峡《があんへきほうきょう》パンダ基地でした。シャンシャンを含め多くのパンダが静かな環境でのんびり暮らしており、とてもよい場所だなという印象でした。

中国人の皆さんがとても親切で優しくて、素敵な人ばかりでした。特にシャンシャンを見てるときに「ここ、どうぞ」、「ここ見やすいですよ」と、中国の方が場所を譲ってくれるなど本当にいい思い出ばかりです。また中国へ行ってシャンシャンに会えることを楽しみにしています。

高氏シャンシャン ALBUM

0才

リーリーとシンシンの間に待望の赤ちゃんパンダが誕生！上野動物園のみならず上野の街全体が明るく華やぎ、その名もシャンシャン（香香）命名されました。生後半年になると抽選で一般公開され、倍率は２００倍にもなりました。

DEC.20.2017

生後半年、公開されて間もない頃。ふわふわ、ころころなよちよち歩きでした。

FEB.06.2018

赤ちゃんパンダが覚えるのは木登り。高いところが落ち着くようです。

JAN.12.2018

お母さんの愛情をたっぷり受けてほんのりピンク色。お乳がほしいようです。

FEB.01.2018

お庭デビューしたての頃。初めて見るものばかりで好奇心旺盛に探検中。

APR.05.2018

台の上に登ってお散歩中。何かおもちゃになりそうなものはないかな。

1才

シンシンの献身的な子育てにより順調に成長中。1歳半頃になると早くも親離れの時期を迎えます。シンシンと過ごす最後の日には多くの方が涙しましたが、立派に独り立ちを果たしてくれました。

APR.16.2019
小さいお庭はシャンシャンのお城。葉っぱだって遊び道具になっちゃいます。

JUN.30.2018
1歳になってもまだまだ赤ちゃん。一生懸命にお乳をごくごく。

APR.20.2019
パンダはタケノコが大好き、なはずなんだけど、まだちょっと警戒中の様子。

SEP.25.2018
とにかく高いところが大好きで、落っこちないかヒヤヒヤしたものです。

高氏シャンシャン ALBUM

2才

当初2歳頃には中国に返還される予定でしたが、多くの要望により滞在延長が決定しました。2月には新型コロナウイルス感染症拡大防止のため、上野動物園は長期の臨時休園になりました。

JUL.10.2019

お腹を木に押し当ててレントゲンを撮っているみたいな通称レントゲンシャン。

JUL.04.2019

このまるまるとした後ろ姿がたまらなくキュートなポイントなんです！

DEC.26.2019

いっぱいあそんだあとは急に電池が切れたみたいにコロンとお昼寝の時間。

3才

臨時休園の期間は静かな環境で元気にすくすく成長中。竹筒をふりふりしておやつを出す仕草が大人気となりました。12月からは再び半年以上の長期の臨時休園に入りました。

OCT.24.2020

無防備にお腹をだしてごろーん。だらしないように見える寝相も大人気でした！

OCT.14.2018

竹筒の中におやつが入っていて、それをふりふりする様子がとっても大好評！！

NOV.26.2020

笹の葉を一枚一枚丁寧につまんで美味しいわぁな表情。思わずうっとりです。

4才

新型コロナウイルス感染症による行動制限のためシャンシャンの返還は度々延長されました。6月23日にはシャンシャンの弟・妹になる双子のシャオシャオとレイレイが誕生しました。１月からは再度臨時休園に。

APR.07.2021

上野公園はお花見日和。シャンシャンもやぐらのてっぺんの特等席でお花見中かな。

JAN.06.2022

雪の中をのしのしお散歩。いつもと違う景色にちょっと興奮気味でした。

5才

５歳のお誕生日を迎えました。お誕生日当日には２４０分待ちを記録し、シャンシャンの人気は増すばかり。そしてついに２０２３年２月には渡航が決定し、飛行機が飛び立つ様子を多くの方が涙とともに見送りました。

NOV.04.2022

シャンシャン専用ハンモック、通称シャンモックと竹筒の人気コラボ！

OCT.22.2022

日本での観覧も間もなく見納め。中国に行ってもたくさん愛されてね！

NOV.30.2022

コロナで長期休園が続き、後半は会えない時間も多くなりました。

やっと中国で会えたね、シャンシャン

好久不见，香香

シャンシャンの誕生以来、毎日動物園に会いに行ってその成長を見守り続けた高氏貴博さんが2023年11月、中国でシャンシャンと念願の再会を果たした。再会場所は四川省のパンダ保護研究センター雅安碧峰峡基地。一緒に行ったのは中国駐東京観光代表処などが主催したツアー「シャンシャンと再会の旅」の参加者だった。中国に返還されてから初めての再会で、高氏さんは興奮と感動に包まれながらシャンシャンの可愛いさあふれる写真をたくさん撮った。

文・写真／高氏貴博（毎日パンダ）

高氏さん便り

日本中がシャンシャンフィーバーで湧き続けた5年間、いつの日も長い長い行列の先にはたくさんの笑顔がありました。一旦日本での生活には区切りがつきましたが、中国に渡ったシャンシャンにはあらたなステージが用意されていました。

新しい環境にちゃんと馴染んでいるだろうか、元気にしているだろうか、親心のような気持ちで心配していましたが、久しぶりに再会したときには、そんな不安はまったく感じさせない様子でとてもほっとしたものです。公開後は日本からのファンがたくさん駆けつけたほか、中国でのシャンシャンファンも増えていて、これから先もみんなに愛され続けていくんだろうなと心が温かくなりました。

まだ食べられるところは残っていないかな〜と皮の中をがさごそ。それくらいタケノコには目がないシャンシャン。大好物に囲まれて嬉しさいっぱいですが、主食の竹もちゃんと食べてね。好物のあとは竹にいくかなと思っていたけど、目もくれずにいなくなっちゃいました。飼育員さんを困らせないでね、でもそんなところもシャンシャンらしくて愛されポイントでもあります。

うまっうまっ

竹、あげないよ

見つかっちゃった！

会いにきてくれて、
ありがとう！

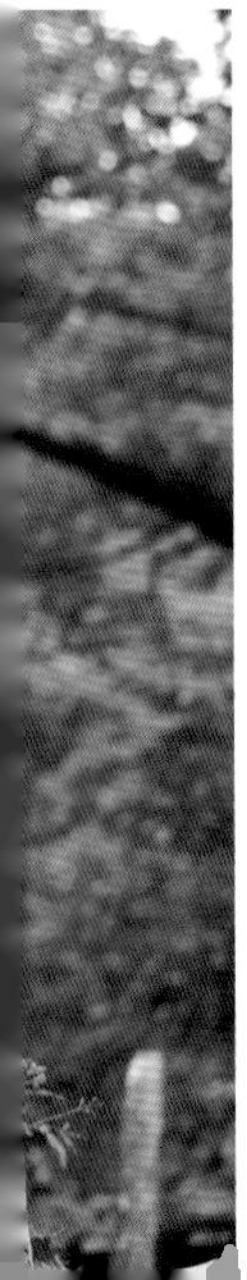

んじっ・・・
ンっ

中国の暮らしでまず驚いたのは、大好きなタケノコがたくさん出ていたこと。日本では春の一時期にしか採れませんが、ここでは春以外の季節にも、しかもまるで食べ放題なくらいたくさん出ていて、シャンシャンは本当に幸せそうに暮らしています。

今日もご飯がおいしい！

まんまるおしり
かわいでしょ！

もぐもぐ

シャンシャン輸送当日の様子、
このコンテナ内にシャンシャンが居た

知られざるパンダ舞台裏のストーリー

シャンシャンを中国に運んだ立役者

2023年2月21日、シャンシャンはチャーター便の貨物機で中国に輸送された。輸送したのは、中国宅配便業界の物流最大手企業である順豊エクスプレス株式会社（以下SF Express）だった。ここでは経営企画室長の李軍氏に知られざる舞台裏のストーリーを伺った。

取材協力／李軍　文／『和華』編集部　写真提供／順豊エクスプレス株式会社

李軍 りぐん

順豊エクスプレス株式会社
経営企画室長

シャンシャン輸送に使用した貨物専用機

SF Express 社の入り口には物流で使用する貨物専用機などの模型が置いてある

シャンシャン輸送を担当したSF Express は２０１１年２月28日に設立され、to B向けの業務はもちろん、to C向けにも力を入れている。日中間の交流がさかんになるにつれて、個人向けの宅配や個人輸入等の問い合わせも増えてきた。

一般企業であれば利益に繋がりにくい個人客相手に手厚くサービスする会社は少ないが、企業理念である「全ての顧客のニーズに応えたい」という想いを果たすため、輸出入で一番苦労する通関を無事に通過させるためのカスタマーサポートなども充実させている。

パンダの輸送実績ゼロからのスタート

シャンシャンの輸送の話は、２０２０年９月にクライアントからSF Express に打診があった。パンダを実際に輸送する場合にはどのような手続きが必要なのか、当時パンダの輸送実績はゼロだったため雲を掴むような作業が始まった。

その後、同年12月に小池都知事から新型コロナウイルス感染症の影響により、シャンシャンの中国返還を延期する旨の発言があり、輸送計画は一旦延期になった。その後大きな動向もなく迎えた２０２２年７月、正式に打診があり、２０２３年２月21日のシャンシャン帰国までの輸送プロジェクトが本格的にスタートした。

困難を極めた「空勤登機証」取得

SF Express では４名でチームを組み、元請けである日本の物流会社を含めた関係各所との打ち合わせ、中国国内の本社や中国民航局や空港関連機関との調整などを行った。

これまで陸運で動物の特殊輸送を行ったことはあったが、空運での動物輸送、しかも中国の国宝であるパンダという緊張感は相当なもので、事前に綿密な打ち合わせを重ねた。繊細な性格のシャンシャンを上野動物園のスタッフが近くで見守れるよう、日本での輸送でこれまで使われてきた旅客機に替えて、貨物専用機を利用することになった。

その中で数多くの問題に遭遇したが、特に外国人の添乗員資格「空勤登機証」の取得には時間を要した。従来のパンダ輸送は人々の輸送を目的とする旅客機で行っており、飛行機内に日本人の飼育員スタッフが同行しても問題はない。しかし貨物輸送を目的とする飛行機の場合、同乗スタッフは全員この「空勤登機証」が必要となる。今までに前例がないケースであることに加え、新型コロナウイルス感染症の影響で検疫が非常に厳しくなっている中、本社のスタッフに、中国民航局下にある公安局に連絡してもらったり深圳から直接民航局広州分局と交渉しに行ってもらうなどした。

もちろん中国側との交渉と同時に、状況を関係各所にも報告し、必

1972年、初めて来日したカンカンとランランが中国から移動してきた時の輸送箱が上野動物園に保存されている　写真 /『和華』編集部

要に応じて申請に必要な書類を和訳、また無犯罪証明書など中国特有の書類についても必要な理由を事細かに説明して理解してもらう作業を行った。このように日本と中国本社で連携しながら進めていき、数ヶ月後の２０２２年12月、ついに空勤登機証が降りた。空勤登機証は公的書類で郵送することができないので、中国本社のSF Airlinesの機長に託送。自社定期便で日本に来る際、空勤登機証を持ってきてもらい、その後出発当日までSF Expressの金庫に入れて保管しておいた。

シャンシャンの輸送当日を迎えて

SF Expressが担当する当日の仕事は、成田空港で日本国内の物流会社から通関、検疫を終えた輸送品＝シャンシャンが入っている檻を受け取り、チャーター便に搭載。成都の空港に着陸させ、現地の物流会社に受け渡すまでだった。事前に出来る準備は全て行ったので、後は当日の天候次第。

機体が無事に成都まで渡航できるよう成田空港にスタンバイしている機体以外にも、万が一離陸後に急な天候の変化やシャンシャンが急に体調不良になり成都への着陸が難しくなるなどの不測の事態が起きた場合を考え、深圳にスタンバイ機材を1台、上海には獣医をスタンバイする万全の状態で挑んだ出発当日。SF Expressは合計7名、1チームは上野動物園、残り1チームは成田空港で待機していた。シャンシャンが無事成田空港に到着し、倉庫から機内への移動中少し暴れたと聞いたが、その後出発までは大きな問題はなかった。そして出発の時刻を迎え、無事に飛行機が離陸。あとはフライト情報を常時確認しながら無事に到着することを祈るだけだった。機内には上野動物園の副園長、飼育員2名の他、SF Express本社からは機長1名、副操縦士1名、エンジニア1名、特殊運送クルー（動物運送経験者）1名が同乗した。

後日彼らに機内での様子を聞くと、飛行中の前半は不安定でシャンシャンに目立った動きがあったが、2人の飼育員が交代でリンゴや餌を与えたことで落ち着き、後半は熟睡していたとのことだった。そしていよいよ成都に到着。成都到着時はあいにくの雨だったが、SF Express社内トップレベルの技術を持つキャプテンのおかげでスムーズに着陸ができ、現地の物流会社に引き渡し、SF Express社のプロジェクトは無事に終了した。

日本のシャンシャンファンからSF Express社に贈られた輸送に対する感謝の色紙たち

パンダファンレターや色紙が届く

セキュリティーの関係で、シャンシャンの輸送にSF Express社が携わっていることを対外的に発表することはできなかった。ただ当日、輸送の様子がテレビに流れると、会社のロゴの入った機体が映るため数多くのメディア、そしてパンダファンから問い合わせの連絡がたくさんあったという。

中にはファンレターや色紙を送り、直接会社を訪ねるファンもおり、お返しとしてSF Express社やシャンシャンの輸送便に同乗したクルーたちの色紙を作成してファンに送ったのだという。

今回のシャンシャン輸送プロジェクトに携わったSF Express社中国チームメンバーから日本のファンに向けて贈られた色紙

中国の国宝であるパンダを輸送するという、動物特殊輸送の中でも非常に名誉のあるプロジェクトに携わることができ、まさしくSF Express社の企業理念と使命感を体感することができた誇るべき案件だったと李軍さんは語った。最後に、プロジェクトに関わった全ての人々と応援してくれたシャンシャンファンに改めて感謝を伝えたいと締めくくった。

ファンに見守られながら日本を旅立つ
シャンシャン 今までありがとう!

文／『和華』編集部　写真提供／高氏貴博（毎日パンダ）

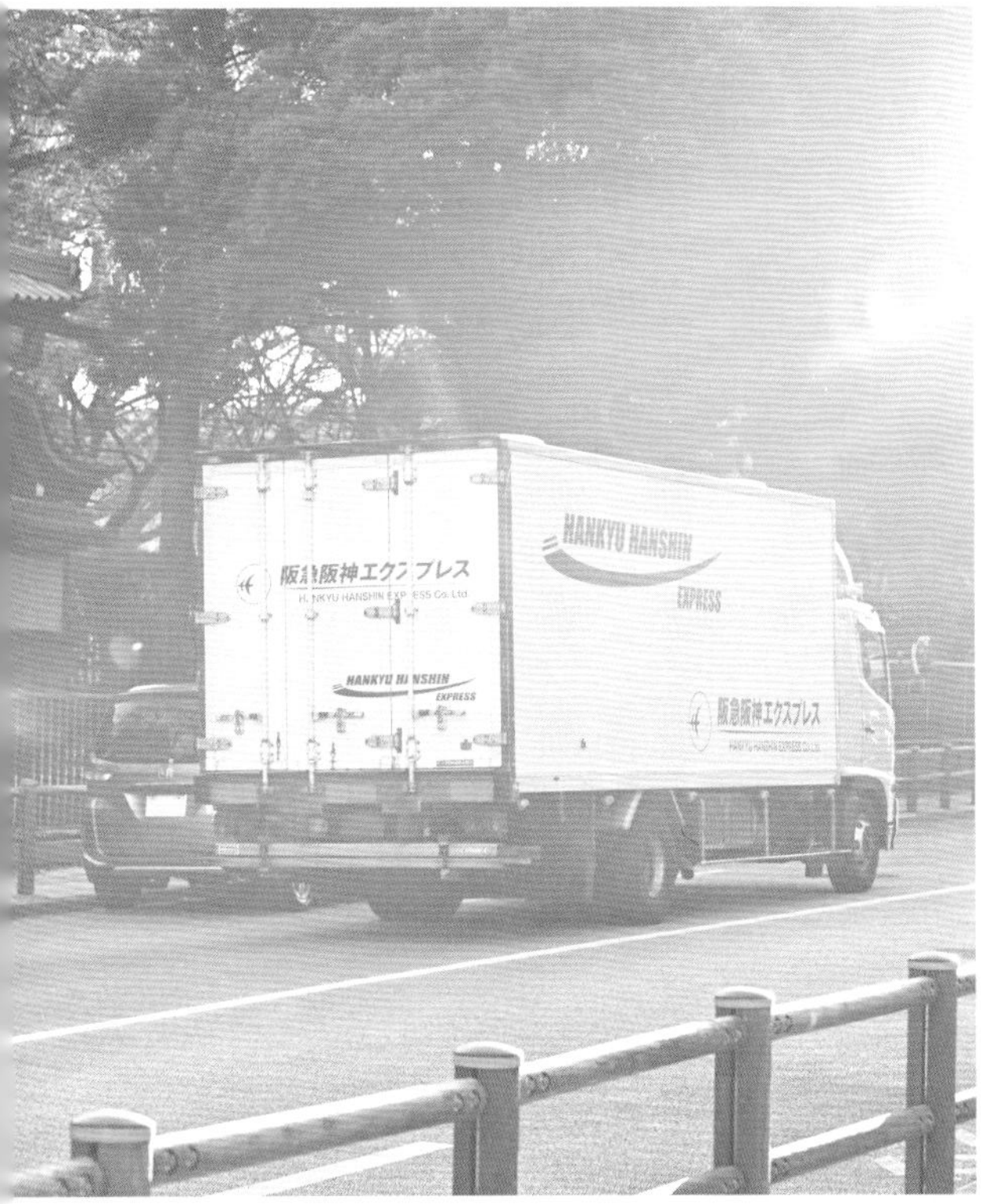

上野動物園から出発したシャンシャンを乗せたトラック

日本に再びパンダブームを巻き起こしたシャンシャンが2023年2月21日に中国四川省へ返還された。2月19日、シャンシャンが最後の観覧日を迎え、同日抽選で当たった人をはじめ、大勢のファンが上野動物園を訪れた。この日は2600人の枠に計6万人超が申し込み、最終組（100人）の抽選倍率は70倍に上った。

返還当日の21日、動物園の出口付近には早朝から多くのファンが集まり、出発の様子を見守った。シャンシャンを乗せたトラックは午前7時10分ごろに園を出発し、ファンたちはずっと手を振って見送った。トラックが見えなくなると、ファンはまた急いで電車に乗り、今度は泣きながら成田空港へ。成田空港に集まったファンはなんと2000人ほど！

空港の展望デッキには大勢の人が集結した。午後0時45分ごろ、シャンシャンを乗せた飛行機が姿を現わすと、ファンが一斉に「シャンシャン、今までありがとう」と号泣しながら叫び、飛行機が視界から消えるまで手を振り続け、日本での別れを惜しんだ。

成田空港には多くのファンが集り、別れを惜しんでいた

日本でパンダに会える3つの動物園

現在日本でパンダに会える動物園は3つある。私たちが動物園で元気なパンダの姿を見られる、その陰には日々の健康管理はもちろん、希少動物であるパンダの繁殖研究、教育普及を目的とする様々な活動などあらゆる面からパンダのために力を尽くす動物園の姿がある。ここではその3つの動物園を紹介する。

写真提供／高氏貴博（毎日パンダ）

恩賜上野動物園

子ども時代、上野駅を出てそのまま真っすぐ歩いていくと見えてくる上野動物園の正門に胸をわくわくさせた経験を持つ人は多いだろう。約300種3000点の動物を飼育するこの都市型の動物園には世界中から観光客が訪れ、中国人観光客も少なくない。

取材協力／上野動物園教育普及課長 大橋直哉　文／『和華』編集部

大橋 直哉 おおはし なおや

上野動物園教育普及課長。1997年に東京都に就職。1999年に上野動物園に配属され小型哺乳類を担当。その後、多摩動物公園でコウノトリやカワウソ、ニホンザルなどの飼育、井の頭自然文化園での教育普及業務などを経て現職。

　１８８２年に開園した上野動物園は、日本で最初の動物園だ。東京の都心部にあって豊かな自然を維持している。明治から大正、昭和を通じて関東大震災や第二次世界大戦など歴史の荒波の中であっても多くの動物を飼育し繁殖させ、人々に動物の魅力を伝えて上野の街を活気づけ、地球環境や野生生物の保全の重要性を伝え続けている。

　園内は東園と西園にわかれており、東園は上野公園の丘陵地に位置し、西園は蓮の名所である不忍池の北側区域で、２０２０年９月には「パンダのもり」がオープンした。現在展示されているパンダはオスのリーリーとその子どもで双子のシャオシャオとレイレイだ。

　１９７２年、日中国交回復の調印を記念して中国から贈呈されたオスのカンカンとメスのランランが上野動物園に来ると、珍しい動物を一目見ようと長蛇の列ができた。最盛期は入園者数が７００万人を上回り、一大パンダブームが巻き起った。２頭の交尾が成功するも１９７９年にランランが亡くなり、そして１９８０年にカンカンの新しいお嫁さんとしてメスのホァンホァンがやってくるが同年カンカンも急死してしまう。

　１９８２年にはオスのフェイフェイが来日し、ホァンホァンは

大橋さんに聞く
上野動物園のパンダ事情

MEMO 中国の専門家といつでも連絡がとれる状態

基本的には業務上の定期連絡以外は、何か聞きたいことがあるときに連絡をする。微信（WeChat）でいつでも連絡がとれる状況で、遠慮せずに聞ける関係が築かれている。中国の大切なパンダをお預かりしているので、中国の専門家の指導に従ってパンダにとって一番良い方法で飼育している。

MEMO 誕生日はパンダの生態を伝える日！

上野動物園ではパンダの誕生日を、動物を知るきっかけにする日と捉えている。ケーキやメッセージカードをあげるといったいわゆる人間のお誕生日パーティーのようなことはあまりせず、パンダの生態や現状を知ってもらうイベントを行う。誕生日自体をお祝いすることがメインなのではなく、あくまでよりパンダのことを知ってもらうためのきっかけにする日ということだ。

MEMO パンダ飼育、１日のスケジュール

１日のスケジュールは、まず 8:30 の勤務開始と同時にパンダを運動場に出し、その間に部屋を片付け、掃除。一旦部屋に戻して竹を運動場に置く。再び運動場に出して、部屋にも竹を置いておき、夕方部屋に戻す。基本的に運動場に出ている間がパンダの展示としてお客さんが見ている時間になる。お昼寝はパンダ次第で特に促すことはない。

MEMO パンダが食べている物

パンダの生活は基本的に動き回る活動と、食べることや寝ること。パンダの胃や腸は肉食動物と変わらないため、竹を充分に消化しにくく、栄養を摂取しにくい。たくさん食べる必要があることから、いつでも食べられるように竹はたっぷりと置いておく。他には、糖分を摂りすぎないようにリンゴは少なめに。ニンジン、お米の粉やトウモロコシの粉を蒸かしたパンダ団子など。

MEMO 入園者数を大きく左右するパンダ

1972 年にカンカン・ランランのパンダブームが巻き起こり、1986 年に生まれたトントンは命名募集が 27 万通を超える人気ぶりだったという。2011 年にリーリーとシンシンが来日するまでパンダ不在の時期があり、当時の様子は、100 万人単位で来園者が減るとやはり寂しい雰囲気で、地元の商店街からも人が減ったとの声があった。

写真 / CNSphoto

フェイフェイとの人工授精によって初めて出産した。この赤ちゃんはチュチュと名付けられたが、２日後に死んでしまった。しかし１９８６年、再び人工授精で無事上野動物園で出産したのがメスのトントンだった。木登りが大好きなおてんば娘で、来園者数を再び押し上げトントンブームとなる。そして１９８８年には同じく人工授精で弟のユウユウが生まれた。

その後、日中親善を担って北京動物園に行ったユウユウとの交換でオスのリンリンが１９９２年に来日。またメキシコ生まれのメスのシュアンシュアンは２００３年から２００５年まで上野動物園に滞在した。リンリンが２００８年に亡くなってから上野動物園ではパンダが途絶えてしまったが、２０１１年にオスのリーリーとメスのシンシンが来日。翌年２頭の間に第一子が生まれるも、７日後に死んでしまう。そして５年後の２０１７年、待望の赤ちゃんシャンシャンが生まれた。すぐに爆発的人気となったが、昨年中国に返還されたときには多くのファンが上野動物園に集まって別れを惜しんだ。そして、２０２１年６月23日に双子のシャオシャオとレイレイが生まれ、多くの人が上野動物園に来てその成長を見守っている。

上野動物園 歴代のパンダ

上野動物園は日本で最初に、また最も長くジャイアントパンダを飼育し、さらに日本で初めて繁殖に成功した動物園である。数々のパンダブームを巻き起こし、初めての繁殖に成功するなど、注目を集め続ける上野動物園歴代のパンダが大集合！

P30-31写真提供／(公財)東京動物園協会

力力　リーリー ♂

2005年8月16日、臥龍保護センター生まれ
体重：およそ135kg
優しくおっとり、マイペース。

真真　シンシン ♀

2005年7月3日、臥龍保護センター生まれ
体重：およそ120kg
食いしん坊でかしこく、音に敏感。

暁暁　シャオシャオ ♂

2021年6月23日、上野動物園生まれ
甘えん坊で感情表現が豊か。

蕾蕾　レイレイ ♀

2021年6月23日、上野動物園生まれ
おっとりしておとなしめ。

香香　シャンシャン ♀

2017年6月12日、上野動物園生まれ
2023年2月21日中国へ
好奇心旺盛で物おじしない。

左がレイレイ、右がシャオシャオ

不動の人気を保つ双子のパンダに会いに行こう！

いま上野動物園で来園客を釘づけにしているのは、双子のシャオシャオとレイレイだ。展示の前は連日長蛇の列ができている。パンダは普通、繁殖期以外は単独で飼育される動物だが、まだ子どものシャオシャオとレイレイは一緒に飼育されている。

パンダの母親は双子が生まれた場合どちらか1頭しか育てないことがほとんどのため、2頭が生まれたとき、上野動物園では母親のシンシンと飼育係が子どもを1頭ずつ育て、ときどき子どもを交代させて育てたという。その誕生と成長の様子は上野動物園のホームページで見ることができる。

康康 カンカン ♂

1972 年 10 月 28 日来園
1980 年 6 月 30 日死亡（推定 9 歳）
やんちゃでタイヤ遊びが大好きだった。

蘭蘭 ランラン ♀

1972 年 10 月 28 日来園
1979 年 9 月 4 日死亡（推定 10 歳）
「丸顔美人」と言われた美しいパンダ。

飛飛 フェイフェイ ♂

1982 年 11 月 9 日来園
1994 年 12 月 14 日死亡（推定 27 歳）
来園した夜に餌を食べ続け、大人（たいじん）の風格を持つ。

歓歓 ホァンホァン ♀

1980 年 1 月 29 日来園
1997 年 9 月 21 日死亡（推定 25 歳）
たくましい母パンダ

双双 シュアンシュアン ♀

2003 年 12 月 3 日～
2005 年 9 月 26 日上野動物園に滞在
2022 年 7 月死亡
陽気で豪快なセニョリータ。

悠悠 ユウユウ ♂

1988 年 6 月 23 日上野動物園生まれ
2004 年 3 月 4 日死亡（15 歳 9 ヶ月）
トントンの弟でおっとりした性格。

童童 トントン ♀

1986 年 6 月 1 日上野動物園生まれ
2000 年 7 月 8 日死亡（14 歳 1 ヶ月）
木登りが大好きなおてんば娘。

陵陵 リンリン ♂

1992 年 11 月 5 日来園
2008 年 4 月 30 日死亡（22 歳 7 ヶ月）
お見合いのためメキシコ 3 往復の経験あり。

【基本情報】
東京都台東区上野公園 9-83
TEL：03-3828-5171
開園時間：9:30 ～ 17:00
休園日：月曜日（祝日の場合は翌日）
無料開園日：開園記念日（3 月 20 日）、みどりの日（5 月 4 日）
都民の日（10 月 1 日）
入園料：一般 600 円

パンダのスーパーペアレンツ in 上野動物園

シンシン and リーリー 写真館

Gallery

写真提供／高氏貴博（毎日パンダ）

リーリー

カカ

大人しくて穏やかな性格。のんびりした暮らしぶりは、見るものをたっぷり癒してくれます。

AUG.17.2018

上野に来て１年くらい。真夏のある日、氷をすりすりしながら涼んでいました。

OCT.20.2015

お庭をのしのしお散歩中。こちらに向かってまるで挨拶してくれたようでした。

APR.27.2012

春はいつだってねむねむ。口をおもいっきり開けてわおーんと大あくび。

NOV.30.2016

紅葉のシーズンもお庭は見頃。黄色や赤の葉っぱが見事に色づいていました。

APR.01.2017

木登りが得意なリーリーは大木の上でお花見中!? きっといい眺めなんだろうな。

2011年に上野動物園にやってきたリーリーとシンシン。2012年7月、初めての赤ちゃんの死の悲劇を乗り越えて2017年には待望の赤ちゃんシャンシャンに恵まれた。また、2021年には双子のシャオシャオとレイレイが誕生、今も上野の人気を守っている。まさに多くの赤ちゃんを産み出したパンダのスーパーペアレンツ。毎日パンダの写真を取り続ける高氏貴博氏がその魅力をお届けする。

真真

シンシン

リーリーに比べれば小さいけれど、それでもとっても大きなパンダさん。笑顔がとっても似合う丸顔美人。野生に近いからなのか、自由奔放でフリーダムなところも魅力です。

SEP.30.2015

休憩中のシンシン、櫓のてっぺんではシャンシャン、よく見るとリーリーまで！

OCT.10.2018

子育ては一休み。のんびり遠くを眺めて物思いにふけっているようでした。

OCT.10.2015

自分の人気がわかっているのか、まるでモデルポーズをとっているようでした。

APR.24.2019

竹を豪快にバキバキ！お腹の上には食べかすがどんどんつもってきます。

FEB.08.2014

雪の上をざくざくとお散歩。テンション高めなのが表情からうかがえます。

リーリー

APR.04.2014

桜の花びらが敷き詰められた桜の絨毯の上を、ゆうゆうとお散歩中。

シンシン

SEP.07.2013

休憩中の一コマ。なにか美味しいおやつのことでも考えているのかな〜。

上野観光連盟名誉会長・二木忠男氏に聞く

奇跡の上野パンダ招致

上野観光連盟の名誉会長でパンダ大使の二木氏は2011年にリーリーとシンシンを招致した立役者のひとりだ。上野の街は「山と街の連携」と言われ、上野動物園や美術館・博物館などが集中する上野の山、つまり上野公園とアメ横はじめ様々な店が密集する商業エリア。近年新しく「駅ナカ」ができて駅も装いを新たにしたが、「オール上野」で一致団結できる背景にはやはりパンダの力が大きく影響しているのかもしれない。

取材協力・写真提供／上野観光連盟名誉会長・二木忠男　文／『和華』編集部

リーリー
写真提供／高氏貴博（毎日パンダ）

シンシン
写真提供／高氏貴博（毎日パンダ）

1972年にカンカンとランランが来たとき二木氏は高校生だったが、それから長い年月、上野の街でパンダが愛され、様々なお店がパンダをモチーフにした商品を作り、上野のシンボルになっていくのを見てきた。父親の二木源治氏は、焼け野原となった戦後の上野で露店を始めて二木の菓子を創業し、高度成長期には二木ゴルフを創業した人物。二木氏はアメ横商店街連合会の当時会長を務めた父親からパンダが街の発展と表裏一体であることを学び、その後同会の会長を受け継ぎ、上野観光連盟会長になったのは2005年。パンダとの関係はその頃から本格的に始まった。今ではパンダのイベントに欠かせない存在だ。

二木 忠男 ふたつぎ ただお

1953年東京都生まれ。株式会社二木商会代表取締役社長。一般社団法人上野観光連盟名誉会長、アメ横商店街連合会名誉会長などを務め、パンダ専任大使として上野で行われる数々のパンダイベントに尽力。

奇跡の招致1ヶ月前倒し

2008年にリンリンが亡くなってから、上野動物園にパンダがいなくなった。1972年のパンダブーム以来、すでにパンダは上野の街の様々な商品と結びついて経済波及効果を生み出す存在であったし、また都市における重要なシンボルとなっていた。もちろん動物園はパンダだけではないが、パンダが入園者数の増減に大きな影響を及ぼすのも事実で、パンダがいない寂しさは動物園だけでなく上野の街を覆っていた。

当時の石原慎太郎東京都知事に陳情し、リーリーとシンシンの来日を招致したのが二木氏だ。パンダが

左：1972年にカンカンとランランが来たときは上野公園に長蛇の列ができた。右：上野公園の入り口に置かれた高さ8メートルのパンダ人形

1000個ほどパンダバッジを作り、上野の幼稚園や小学校に配って寄せ書きを集めた

子どもたちがパンダ招致のために書いた寄せ書きと色紙

いないことでこんなにも上野の街の雰囲気が違うのかと肌で感じた二木氏は、上野に人を呼ぶためにパンダを招致しようと立ち上がった。当時の石原都知事は最初、中国からパンダをもらう必要はないと言っていた。二木氏は地元上野の子どもたちに缶バッジを配り、幼稚園5園と小学校5校に寄せ書きを書いてもらった。絵本でしかパンダを知らず、想像でミッキーマウスのような絵を描いた子どももいた。

どれほど子どもたちがパンダをほしがっているか、パンダに希少価値があり、多くのファンを作っていることを訴えた。それを見た都知事は最終的に、繁殖によって赤ちゃんが生まれる命の大切さを教えるために教育的な観点からパンダを招致することを決定した。

当時、2011年3月20日に式典をすることになっていたが、そのときに二木氏は後から考えると天の采配としか思えないひらめきがあったという。パンダを受け入れるにあたりパンダ舎を新しく造る工事や、検疫などの手続きもある。また3月はお花見シーズン、その後は入学シーズンと、人出が多いイベントと重なる。そのため1ヶ月前倒しした2月21日に変更したのだ。

そして2011年3月11日、東日本大震災が起こった。もし予定通りに進めていたら、おそらく3月20日にパンダが日本に来ることはなかっただろう。結果としてうまくいったからこそ話せるが、もしも変更していなかったらと考えるとぞっとすると二木氏は話す。「天の時、地の利、人の和がぴたりとあい、運に恵まれました」。リーリーとシンシンによって再び経済波及効果が生まれ、上野の街は復活した。なによりも、震災で多くの方が亡くなり暗く沈んだ人々の心を明るく照らす大きな出来事であった。

上野のCafe NIKI店内にて撮影

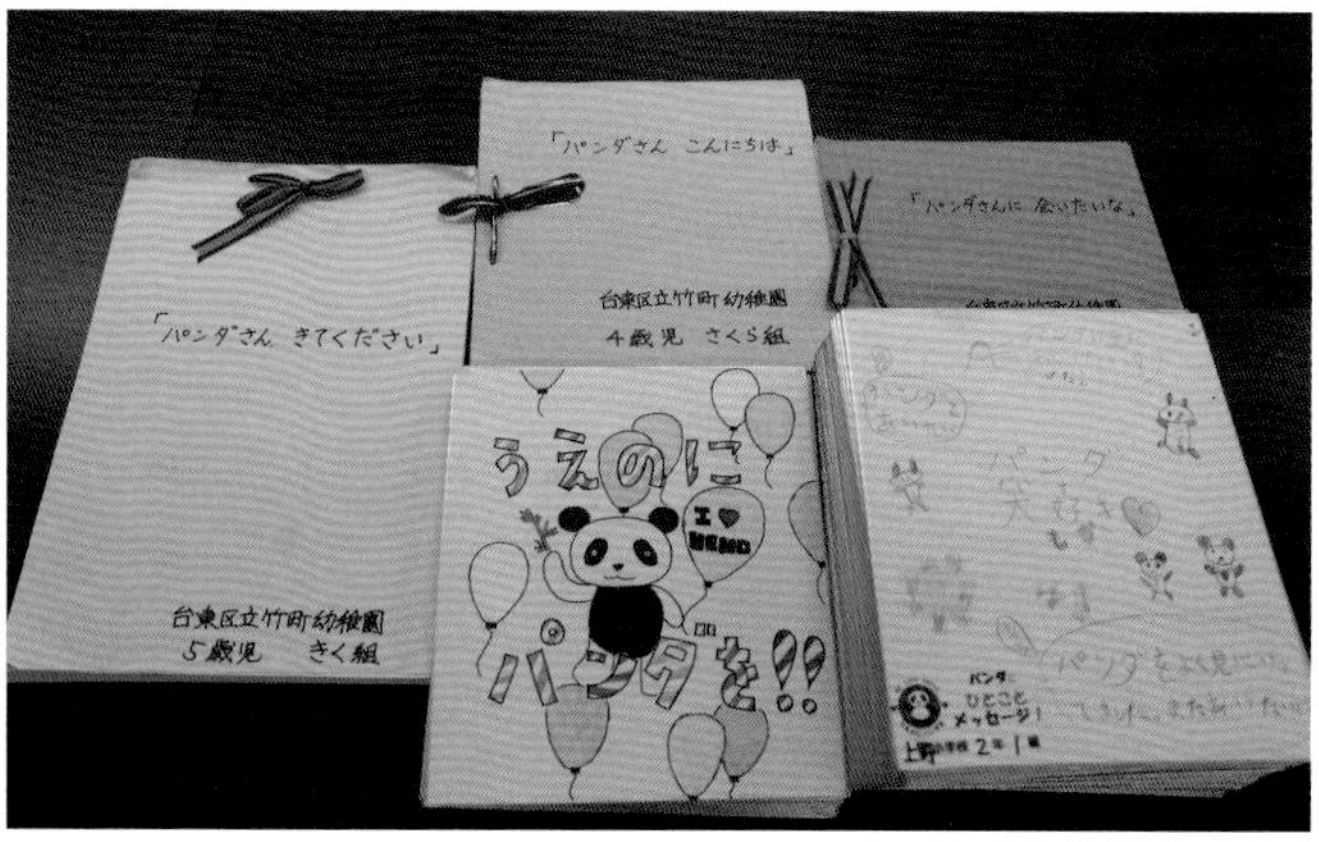

分厚く積みあがるほどの色紙と寄せ書きは上野観光連盟に大切に保管されていた

上野の Cafe NIKI 店内。
パンダ好きが通う人気
スポットだ

シャンシャン人気の秘密

２０１７年に生まれたシャンシャンは、待望の赤ちゃんだった。母親のシンシンは、妊娠していなくても妊娠したような症状を見せる「偽妊娠」が何年も続いたが、そのたびにまわりは鉢巻やグッズを作り、誕生記念ができるよう準備をした。ファンの期待も大きく膨らみ、ようやく誕生した、みんなが待ち望んだ赤ちゃんだったのだ。シャンシャン人気の理由のひとつにはそれがあるだろうと二木氏は言う。

そしてもちろんかわいらしい顔だ。ぴんと立った耳とくりっとした目、シンメトリーの丸顔は、専門の獣医が太鼓判を押した美人さんだという。二木氏は名前候補選考委員会のメンバーとして命名にも関わっている。30万件を超える応募が最終的に8点の候補に絞られた中から、日本人になじむ音の響きや意味など、様々な観点から選考して決めたのだという。シャンシャンの漢字「香香」は中国語には香り以外にも「人気者」という意味がある。まさにその名の通り、シャンシャンは押しも押されもせぬトップアイドルとなった。

「ワシントン条約」によって2年で返すことが決まっていたシャンシャンだが、コロナのため延期になっていた。二木氏のところにシャンシャンをなぜ返すのかというクレームが来るくらい、シャンシャンは絶大の人気を誇っていた。二木氏はそのやむをえない事情を説明すると同時に、もうひとつ、適齢期のため婚期を逃さないためにも帰す必要があると説明した。

「イケメンを見つけて、お婿さんを連れて帰ってくればよい」と言った言葉がマスコミに流れ、今度は各種メディアで「シャンシャンがイケメンお婿さんを連れて里帰り」という特集が組まれるなど、ファンも大フィーバー。昨年2月21日に無事成都に帰ったシャンシャンに会いに行くツアーが組まれた。

最後に二木氏に中国の印象を聞くと、「歴史が好きなんですよ」との答えが返ってきた。一番好きなのは『三国志』。中国には孔子や韓非子、孟子など素晴らしい思想家がおり、文献がある。よくそのような思想家の言葉を引用するのだという。上野の博物館ではしばしば始皇帝や兵馬俑の展覧会が行われる。中国には何度も呼ばれているが、上野の街を1週間以上離れるのはやはりなかなか難しい所のようだ。「日本と中国はビジネスだけでなく、文化的交流をさらに深めるほうがよい」と二木氏は話す。

左、中、右：2023 年 10 月に行われたイベントの様子

アドベンチャーワールド

中国を除くと、世界最大のパンダ繁殖研究成功の地、白浜のテーマパークであるアドベンチャーワールド。ここでは累計17頭のパンダ繁殖に成功しており、現在も4頭のパンダが飼育されている。そんなアドベンチャーワールドと中国の繋がり、これまで行ってきたパンダ関連のイベントを紹介する。

取材協力・写真提供／アドベンチャーワールド　文／『和華』編集部

中尾 建子 なかお たつこ

アドベンチャーワールド副園長。1988 年に獣医師として入社し、動物園動物の診療や飼育管理、極 地ペンギンの人工孵化・育雛に携わる。1994 年に「永明」（エイメイ）と「蓉浜」（ヨウヒン）が来日した当初より、ジャイアントパンダの繁殖研究に長年関わり、これまで 17 頭のパンダの赤ちゃんの誕生を見守る。

アドベンチャーワールドは１９７８年に開園した動物園、水族館、遊園地が一体になったテーマパークである。白浜という自然の優位性を活かし、現在は約１２０種、約１６００頭を飼育している。大阪から直行バスやＪＲを利用して訪れることができるアクセスのよさ、南紀白浜空港から2キロ以内という好立地も影響し、年間来園者数は１００万人に達している。

１９８４年に和歌山県と山東省が友好県省関係を締結したのをきっかけに中国側との交流が始まり、87年にアドベンチャーワールドは山東省済南市金牛公園済南動物園と姉妹提携をむすぶ。翌88年から動物交換や人材交流などを積極的に実施した。また、同88年から7年間にわたり少林寺演武や雑技団の公演、中国物産展などもパーク内で実施するなど、文化的な交流も行う。

１９９２年には日中国交正常化20周年を記念し、中国動物園協会や山東省からの厚意によって、済南動物園から2頭のキンシコウが搬入された。パンダとの縁は１９８８年、当時四川省から来た辰辰《シンシン》と慶慶《ケイケイ》が日本全国を巡回しており、同年9月から3ヶ月間アドベンチャーワールドにて「海と陸のパンダ展」を開催し、希少動物保護への理解を求める啓発活動を行った。飼育下で

中尾さんに聞いた裏話

繁殖研究の実績アップは餌を変えたから

現在パンダの主食は竹だが、中国から来園した当初は、穀物や卵などで作る栄養豊富なパンダ団子をあげていた。結果として満腹で竹を食べず肥満になったり、消化器系に問題が生じて体調を崩すパンダが多かった。そこで中国と交流し、主食を竹に戻したことでこれらの問題が解決され、現在に至っている。

パンダが帰国する時にはファンにしっかり説明

多くのパンダファンにとって一番悲しいのは推しパンダが帰国する時。「アドベンチャーワールドで生まれたのになんで」、という声も時々聞こえてくる。その際は丁寧に説明することが必要だ。アドベンチャーワールドには親子兄弟しかいないので繁殖できない。中国にはたくさん未来の伴侶がいるので、中国に帰って繁殖することは日中共同繁殖研究の目的であると伝えることが大切だ。

アドベンチャーワールドが有名になるまで

1994 年に世界で初めてブリーディングローンを活用してパンダ誘致に成功するも、当時は SNS も発達していないため、人々が情報を得るにはテレビに出ることだった。しかしパンダといえば上野というイメージが強く、関西に CM を出しても近くには神戸もあるため、思うように認知度は上がらなかった。この状況を打破するため、2 つの取り組みを開始した。1 つ目はメディア取材を解禁すること。これまでは外部メディアの取材に対して閉鎖的だった環境を変え、メディアに積極的に出演し、パンダをフックとした園紹介を行った。その後 2017 年に NHK スペシャルなど大きな番組で紹介されたことにより、一気に全国区に知られるようになった。2 つ目は外部のイベントに積極的に参加するようになったこと。外部講演会にも積極的に参加してパンダ繁殖研究の取り組みを PR、また県と協力して東京で和歌山県の広報活動に取組むようになった。このような取り組みの結果、年間来場者数は年々上々し、現在では 100 万人に達するようになった。

園内のグッズショップ

の繁殖を強化する目的で、1994年から世界で初めてブリーディングローン制度（＊）を利用し、中国動物園協会、中国成都ジャイアントパンダ繁育研究基地と共同でジャイアントパンダ日中共同繁殖研究をスタートさせた。これまで累計で中国から3頭来園、園内で合計17頭の繁殖に成功し、名実ともに中国以外の海外で最もパンダ繁殖に成功した動物園である。

その結果、白浜町と成都ジャイアントパンダ繁育研究基地がある四川省成都市成華区は2020年12月に友好協力関係に関する覚書を締結することになった。また、和歌山県と四川省も2022年に友好都市を締結している。これまでアドベンチャーワールド内で飼育されたパンダの中で、「永明」は2023年2月に中国へ帰国する前まで合計16頭の繁殖に貢献した。帰国前の2022年12月17日には、日中国交正常化50周年を記念し、これまでの日中関係構築に係る功績をたたえるとともに、今後のさらなる友好関係の発展を図るため、中華人民共和国駐大阪総領事館から「中日友好特使」を拝命されるなど、名実ともに偉大な父親としてパンダファンの間で広く知られている。現在園内では「良浜《ラウヒン》」、「結浜《ユイヒン》」、「彩浜《サイヒン》」、「楓浜《フウヒン》」の4頭が飼育されている。

＊繁殖を目的として動物園や水族館同士で動物を貸し借りする制度。

アドベンチャーワールド
パンダファミリー浜家

梅梅　メイメイ　♀

1994年8月31日：中国・成都ジャイアントパンダ繁育研究基地生まれ
2000年7月7日：
アドベンチャーワールドへ来園
2008年10月15日：永眠
アドベンチャーワールドに来園して約2ヶ月後に「良浜」を出産し、その後も「永明」との子を6頭育て上げた。また飼育下では世界で初めて、双子の赤ちゃんを自分の力で育てた愛情あふれるお母さんパンダだった。

哈蘭　ハーラン　♂

1984年生まれ（推定）
2006年12月15日　永眠

隆浜　リュウヒン　♂
秋浜　シュウヒン　♂

2003年9月8日：
アドベンチャーワールド生まれ
2007年10月：中国へ

雄浜　ユウヒン　♂

2001年12月17日：
アドベンチャーワールド生まれ
2004年6月：中国へ

良浜　ラウヒン　♀

2000年9月6日：
アドベンチャーワールド生まれ
2008年には双子の赤ちゃんを出産し、国内初の日本で生まれたパンダの出産となった。「梅梅」に負けないぐらい子育て上手で、これまでに10頭の赤ちゃんを出産したお母さんパンダ。鼻が低くて丸い顔が特徴。

優浜　ユウヒン　♀

2012年8月10日：
アドベンチャーワールド生まれ
2017年6月：中国へ

海浜　カイヒン　♂
陽浜　ヨウヒン　♀

2010年8月11日：
アドベンチャーワールド生まれ
2017年6月：中国へ

梅浜　メイヒン　♀
永浜　エイヒン　♂

2008年9月13日：
アドベンチャーワールド生まれ
2013年2月：中国へ

浜家を支えるメンバー

現在8名の飼育スタッフと獣医で浜家のパンダたちを飼育している。パンダは1日の3分の1は食事に時間を充てるので、1日の仕事の大半はエサの準備と掃除。それ以外にも、モニターでの観察や健康管理のためのトレーニングを行い、定期的な採血、レントゲン、口腔や血圧のチェックなどがパンダに負担をかけず、安全に実施できている。

蓉浜　ヨウヒン ♀

1992年9月4日：中国・成都動物園生まれ
1994年9月6日：アドベンチャーワールドへ来園
1997年7月17日：永眠

永明　エイメイ ♂

1992年9月14日：
中国・北京動物園生まれ
1994年9月6日：
アドベンチャーワールドへ来園
2023年2月：中国へ
これまでに「梅梅」との間に6頭、「良浜」との間に10頭の子が誕生した繁殖能力に優れた立派なお父さんパンダ。穏やかな性格でいつものんびり。鼻が長く、手足が長いスマートな体つきが特徴だ。

愛浜　アイヒン ♀
明浜　メイヒン ♂

2006年12月23日：
アドベンチャーワールド生まれ
2012年12月：中国へ

幸浜　コウヒン ♂

2005年8月23日：
アドベンチャーワールド生まれ
2010年3月：中国へ

楓浜　フウヒン ♀

2020年11月22日：
アドベンチャーワールド生まれ

彩浜　サイヒン ♀

2018年8月14日：
アドベンチャーワールド生まれ

結浜　ユイヒン ♀

2016年9月18日：
アドベンチャーワールド生まれ

桜浜　オウヒン ♀
桃浜　トウヒン ♀

2014年12月2日：
アドベンチャーワールド生まれ
2023年2月：中国へ

【基本情報】
和歌山県西牟婁郡白浜町堅田2399番地
TEL:0570-06-4481
開園時間：10:00~17:00（季節によって変動あり）
休園日：不定休
入園料：5300円（大人）
※休園日、開園時間等は変更になる可能性があり。
最新情報はHP参照。
公式X：@aws_official
Instagram：adventureworld_official

パンダに関する社会貢献と
SDGs 様々な関連活動

ジャイアントパンダとともに未来を考える講演活動

パンダを通じて、命の大切さや環境について考える講演会を、学校や企業、業界団体の方に向けて年間 15~20 件行っている。講演では、パンダの飼育に携わるスタッフが、自らの体験や思いを交えながら、すべての生き物に通じる Smile（＝しあわせ）とは何か？を参加者とともに考えるきっかけを提供している。

ジャイアントパンダ日中共同繁殖研究シンポジウム

2019 年 3 月、「アドベンチャーワールド 40 周年事業ジャイアントパンダ日中共同繁殖研究シンポジウム」を開催。中国成都ジャイアントパンダ繁育研究基地から専門家や日中両国の関係者を招聘し、講演やパネルディスカッションを通して、繁殖研究の現状やパンダの未来について意見交換を行った。

教育普及活動を通して伝えたいこと

パンダをもっと深く知り、身近に感じてもらうため、2000 年からレクチャー「パンダ教室」を開始。その後もパンダの歴史、現状や生態について知ってもらうための「パンダバックヤードツアー」（2013 年より名称を「パンダラブツアー」に変更。※現在は実施していない）、「もっと知りたい！パンダ塾」などアドベンチャーワールド園内で様々な活動を始めた。2015 年からは、パンダを通じて、命の大切さや希少動物の保全について考える講演会を園外でも開催。このように多方面に向けてパンダ魅力を発信している。

しかしこれは単純にパンダ＝可愛い！アドベンチャーワールドに来てください！というような発信ではなく、パンダという動物の希少性や命の大切さ、子育ての大切さを伝えること。そして日中共同で行っている繁殖研究の意義をしっかり発信するという使命を持ち、これまで教育普及活動を続けてきた。そのため講演先は地元の学校や PTA、医療系学会や教育関係者から依頼を受けることも多い。

パンダバンブープロジェクト

　里山を荒廃させる竹を伐採し、パンダの食事として活用することで里山の環境を守りつつ、これまで廃棄していたパンダが食べない竹幹や食べ残した竹、糞を有効資源としてアップサイクルを推進するプロジェクトを行っている。これまで大阪府岸和田市と「SDGsパートナーシップ協定」を締結し、岸和田市の竹をパンダの食事として利用すると同時に、里山の環境保全に協力し、竹を利用した循環型社会の実現を目指している。

　他にもパンダが食べない竹幹を活用し、循環型パークのアイコンとして、竹あかりを手作りで製作する「つながる Smile 竹あかり」イベントなど。このような取り組みを通じて、「パンダの町」として「パンダの竹」で未来を創る、日本から世界へ向けたアートとイノベーションの地域一体型イベント「パンダバンブー EXPO」の開催など数多くのプロジェクトを現在も展開中。

園内で行われる様々なパンダフェスイベント

　園内ではパンダファンの方と一緒に記念日やイベントを過ごす「パンダフェス」と称したイベントも数多く実施している。パンダの誕生日お祝いはもちろん、地域の皆様やパートナー企業の皆様と共に、音楽祭や収穫祭、仮装イベントやお月見イベントも開催している。
　2024 年は既に節分イベント「パンダと一緒に無病息災を願おう！」を開催し、特製恵方巻を頬張るパンダと一緒に恵方巻を食べるイベントや、パンダファミリーへ愛を伝える「推しパンダへ愛を伝えよう♡ パンダファミリーファンイベント」を休園日のパークで特別開催するなど、今後も数多くのパンダイベントが期待される。

神戸市立王子動物園

阪神淡路大震災復興のシンボルとして2000年に神戸市立王子動物園に来日したタンタン。現在では日本国内最高齢ジャイアントパンダとして変わらぬ人気を有している。最近では心臓疾患の影響で一般公開はされていないものの、日々SNSなどを通して日常の様子を発信している。今回はそんなタンタンの現状、そして飼育管理や研究等に関するエピソードを伺った。

取材協力・写真提供／神戸市立王子動物園　文／『和華』編集部

神戸市立王子動物園は、1951年3月に開園した敷地面積約8万平方メートル、動物収容施設35棟、2023年12月現在、121種、685点の動物が飼育されている公立動物園である。

動物エリア以外にも、動物科学資料館、遊園地などがあり、中でも1963年に神戸市中央区北野にあった建物を園内に移築してきた「旧ハンター住宅」は重要文化財にも指定されている。

海外の動物園との交流が盛んで、たとえば中国、アメリカ、ラトビア、オーストラリア、スイス、ドイツ、ロシアなどの園と動物の譲受や交換、共同研究等を行っている。中国とは1973年に神戸市が天津市と友好都市締結を結んだことをきっかけに、76年から天津動物園と交流が始まっている。

1992年には日中共同飼育繁殖研究のため、絶滅危惧種にも指定されている「キンシコウ」のペアが来園、2003年に帰国するまでに中国国外で初の繁殖成功、海外から初の里帰りを果たすなど、大きな成果を挙げた。

ジャイアントパンダとの交流は1981年からスタート。神戸港沖にあるポートアイランド完成を記念した博覧会に天津動物園から2頭のパンダが半年間貸し出され、期間中パンダ館への来場者数が

王子動物園 4 つの特徴

FEATURE1.

神戸の中心地に位置し、交通の便が良い

FEATURE2.

六甲山、摩耶山、神戸港など、園内から豊かな自然環境や神戸の風情を見渡せる

FEATURE3.

周辺に博物館や美術館、スポーツセンターや学校、競技場など、文化教育施設が多い

FEATURE4.

園内には動物科学資料館もあり、楽しく学べる教育環境が充実している

竹原 孝弘　たけはら たかひろ

神戸市立王子動物園 副園長。麻布大学獣医学部獣医学科を卒業。1995 年 4 月より神戸市役所に入庁後、主に動物愛護管理行政などに勤務、全国初となる「神戸市人と猫との共生に関する条例」制定に尽力した。2020 年 4 月より現職。

菅野 拓　かんの ひろき

神戸市立王子動物園動物病院担当係長。1983 年大阪府出身、2009 年に大阪府立大学（現：大阪公立大学）獣医学科を卒業。その後、神戸市役所に入庁し 2018 年に神戸市立王子動物園 動物病院担当係長に着任。ジャイアントパンダのみならず、動物園で飼育する動物全般の治療に携わっている。

梅元 良次　うめもと りょうじ

2000 年、王子動物園飼育展示係に配属。2008 年、ジャイアントパンダ担当になる。2011 年から数回、中国の雅安碧峰峡パンダ基地に発情期、繁殖期の視察に行く。現在、ジャイアントパンダの担当として、治療や研究に携わる。

1000万人を突破。ジャイアントパンダの誘致については1993年から、中国側とジャイアントパンダ日中共同飼育繁殖研究の実現に向けて交渉を開始。

その後、95年に阪神淡路大震災が発生。震災復興に取り組んでいる神戸市民、特に子どもたちのために、という神戸市の思いが叶い、震災復興のシンボルとしてタンタン、コウコウが2000年ついに王子動物園にやってきた。初代コウコウの帰国、2代目コウコウの不慮の死などを経て、現在は来日24年目のタンタンが園内で飼育する唯一のパンダとなった。

2021年に心臓疾患が判明し、22年3月14日から一般観覧中止となっており、中国への返還時期も延長している。現在タンタンが暮らすパンダ館の運動場には白幕が設置されているが、中にいるタンタンのことを想い、足繁く通うファンの姿も見受けられるとのこと。このようなタンタンファンのために、王子動物園では公式Xなどでタンタンの様子を逐一発信。またパンダ館の屋上に植えたひまわりの種をファンにプレゼントするなど、タンタンに会えない中だからこそ、スタッフ一同が創意工夫でファンの方とタンタンを繋ぐ交流を行っている。

旦旦 タンタン ♀

1995年9月16日：中国大熊猫保護研究中心（臥龍繁殖センター）生まれ。アドベンチャーワールドの永明が中国に帰国したため、現在日本国内最高齢のジャイアントパンダである。現在は心臓疾患の治療のため、一般観覧は中止されている。

観覧中止

2022年3月14日から心臓疾患の影響で、タンタンの一般観覧は中止。しかし今でもタンタンの事を思い多くのファンの方が王子動物園に通っているとのこと。そんなファンの方に安心してもらいたいという想いから、王子動物園ではSNSを通してタンタンの様子を随時発信している。またタンタンが飼育されている扉には、タンタンの回復を祈るファンの方々が送ったお守りが掛けられている。

性格

パンダの性格は年齢とともに変化するが、タンタンが変わらないのはその神経質さ。タンタン担当の飼育員曰く、中国に迎えに行った際、他のパンダは飼育員のもとに歩み寄る中、唯一タンタンだけが寄ってこなかったとのこと。エサのこだわりも人一倍強く、前日食べていた同じ産地の竹を翌日は食べないこともしばしば。いつ何時でもタンタンが気に入った竹を提供できるよう、動物園に常時5~6種類の竹をストックしている。

タンタンと飼育員のルーティーン

早朝に起床、投薬後は屋外で自由に過ごすことが多い。昼過ぎに検診スタート。16時以降に再び投薬、晩の給餌後就寝。飼育員は毎日タンタンのエサを準備し、掃除や検診のサポートなど業務は多岐にわたる。その中でも大事なことの一つは、深夜や早朝など職員が不在時の監視モニター映像のチェック。タンタンが寝ている時間や、どこか身体に異変を感じた際は、映像を見ながら原因を探す。最近のタンタンは、寒い時期が関係しているのか、竹の上で寝ることが増えたとのこと。

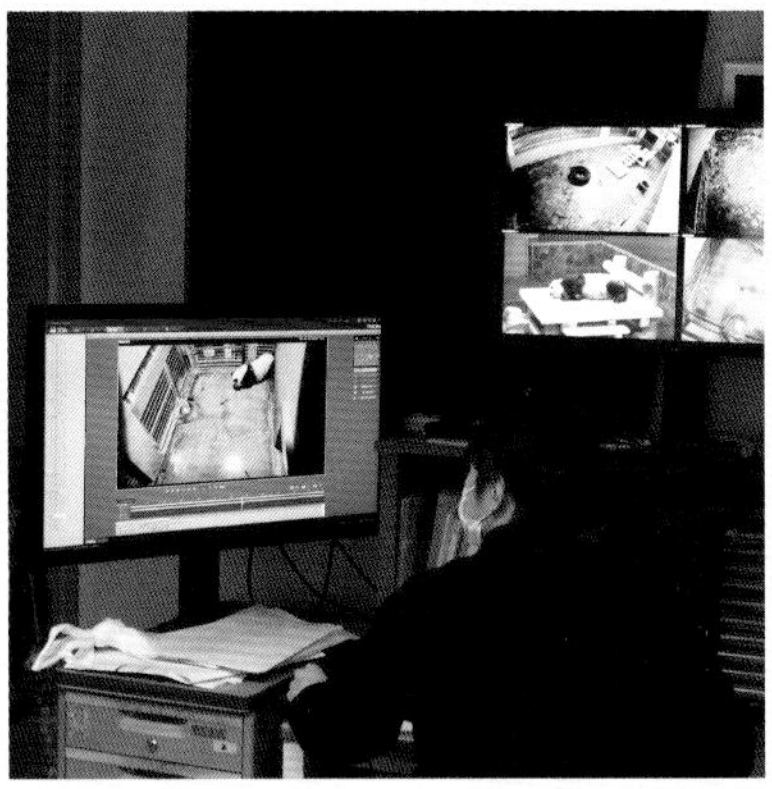

今後のタンタンと王子動物園のパンダ事情について

現在も心臓疾患の治療、高齢も関係して、中国への帰国時期も延期を続けている。王子動物園の皆さんは次のように語った。

「今はタンタンの体調、治療を第一優先に取り組んでいます。昨年から治療のため中国から獣医師の専門家が常駐してくれて、日々タンタンの治療に努めていただいており、非常に心強く感謝しております。タンタンは阪神淡路大震災で被災した多くの人々に癒しを与え、神戸市民とタンタンは強い心の絆で結ばれた存在となっています。まさしく、『震災復興のシンボル』『王子動物園のシンボル』ともなっており、日中共同飼育繁殖研究への取り組みを承諾していただいた中国への感謝を忘れることはありません。将来的には市民が待望している赤ちゃんの誕生を目指すなど、ジャイアントパンダの保全に更に貢献していくために日中共同飼育繁殖研究の継続を要望していますが、まずはタンタンの体調を第一に日中双方協力して治療に取り組んでいきたいです。」

王子動物園の人に聞いたあれこれ

パンダ基地との交流

これまで中国から累計 80 名以上が王子動物園へ来日、王子動物園からも多くの職員が中国四川省にあるパンダ基地を訪問した。

王子動物園の飼育員、獣医はパンダ基地で自然交配、人工繁殖の研修やパンダに関する生態、ハズバンダリートレーニングなど様々な研修を行い、結果としてタンタンの心臓疾患も早期発見することができた。

研修を受けた飼育員は「中国側のパンダ基地は自然環境が豊かで羨ましいと感じます。パンダの数も非常に多く、飼育員一人で３～４頭の飼育をするとのこと。色々なパンダと触れ合う経験ができることも良さだなと思います。」と語った。

パンダ基地とは現在も１週間から 10 日に１回の頻度でやりとりしており、タンタンの状況を定期的に英語でレポートを作成して共有する。中国から派遣されてきた獣医とも協力してタンタンの治療に取り組んでいる。

ハズバンダリートレーニング

動物を健康的に飼育するために行われるトレーニング。ストレスなく、健康診断しやすい体勢をとらせたり、コミュニケーションの構築に役立つ。このトレーニングを継続して行ってきたことにより、心臓疾患の早期発見につながった。

来日した中国人専門家からは、王子動物園のハズバンダリートレーニングについて高い評価を得ている。

パンダに関する研究成果

2000 年から日中共同飼育繁殖研究を開始。これまで合計 40 件ほどの研究成果を発表している。中でもタンタンの行動記録から排卵日を予測するホルモン研究、精錬されたハズバンダリートレーニング、トレーニングを通した真菌性角膜炎の早期発見など、世界でも評価される研究成果が数多くある。日本国内では大阪公立大学と提携して密にやりとりを行い、目や心臓疾患に関する治療も取り組んでいる。

【基本情報】
兵庫県神戸市灘区王子町 3-1
TEL:078-861-5624
開園時間：09:00~17:00（3 月 ~10 月）
09:00~16:30（11 月 ~2 月）
休園日：水曜日（祝日の場合は開園）
入園料：600 円（高校生以上）
※休園日、開園時間等は変更になる可能性があります。
最新情報は HP をご参照ください。
公式 X：@kobeojizoo

中国も今、空前のパンダブーム

昨年中国に帰ったシャンシャンとネットで火がついた「和花」（ホトファー）、北京動物園の「萌蘭」（モンラン）など、中国も今、トップアイドルとも言えるパンダが注目を集め、パンダブームが巻き起こっている。ここではトップアイドルだけではなく、中国各地のパンダの可愛い姿や、中国ならではのお祝いの過ごし方など、たっぷりご紹介する。

写真提供／ CNSphoto

中国パンダ界のトップスター①

南の「和花」は超人気インフルエンサー!!

和花　ホーファー　♀

2020年7月4日に双子の妹、「和葉」（ホーイエ）と共に成都ジャイアントパンダ繁殖研究基地で生まれた。生まれたときの体重は200 g。母親はきれい好きで知られる「成功」（チェンゴン）、父親はアメリカ生まれで2010年に中国に来た「美蘭」（メイラン）。識別しやすく整った顔、他のパンダより小さくて、座ると首がなくなっておにぎりのようになる姿に「可愛い」と、ネットで人気の火がついた。おっとりとしたマイペースな性格。

中国のパンダ トップスター

※本記事は『月刊中国News』2023年9月号の記事を元に再構成したものです。

写真 / CNSphoto　p50-51の写真はすべて「和花」

中国に沸き起こったパンダブームのきっかけとなったのが、成都ジャイアントパンダ繁殖研究基地で暮らすトップアイドルの「和花」（ホーファー）だ。「花花」（ファーファー）の愛称で2023年にネットで大ブレイク。一気に超人気インフルエンサーになった。ショート動画サイトにアップされた「和花」の動画は100万「いいね」を突破することも珍しくない。成都ジャイアントパンダ繁殖研究基地には毎日大勢の観光客が押し寄せ、「和花」の一挙一動に黄色い歓声を上げている。

一生懸命頑張る姿に感動！

「和花」の公式プロフィールには「手足が短いコロコロ体型、毛はフワフワで、動きはゆっくり、木登りは苦手」とある。「和花」はそのゆるキャラっぷりとおっとりした性格で、多くの人のハートをわしづかみにしている。剥いたばかりのタケノコを他のパンダに奪われても、通りすがりのパンダにいきなり何発も殴られても、「和花」は何が起こったか分からないという顔で相手を見つめるだけだ。当然、パンダ舎の外にいる人間たちが、自分目当てにやって来ていることも分かっていない。

長年のパンダマニアである雅雅《ヤーヤー》（仮名）の目に映る「和花」は、オトボケであるだけでなく、とても頑張り屋なのだという。「和花」は早産で生まれ、普通のパンダよりやや反応が鈍く、ものを覚えるのも遅いが、いつも一生懸命に学ぼうとしている。「和花」が初めて木登りに成功したときの動画は、雅雅が撮影しネットに上げたものだ。手足が短く、力も弱い「和花」は、何度登ってもずり落ちてきてしまうが、それでもめげずに、最後は見事に登りきった。

「すごく感動をもらいました！パンダだってこんなに頑張っているのに、私たちも負けていられないって思いましたよ」

中国パンダ界のトップスター②
北の「萌蘭」は脱走の名人⁉

萌蘭　モンラン　♂

2015年7月4日に成都ジャイアントパンダ繁殖研究基地で生まれ、2017年9月に北京動物園にやってきた。父親は和花と同じ美蘭で、母親は美人で有名な萌萌（モンモン）。2021年12月15日、自分で柵を越えて運動場の外に設けられているバッファエリアに脱走して話題になった。

パンダは天性の愛されキャラ

頭と目が大きく、鼻がぺちゃんこで、フサフサの毛をしたパンダは、愛されるキャラクターの特徴に完全に当てはまっている。アニメでは、頭と目が大きくて幼い顔立ちが皆に愛される役どころで、その逆の顔立ちが嫌われキャラと相場が決まっている。パンダは体に比べて頭が大きいだけでなく、目の周りの毛が黒いことから目の大きさが強調されており、さらに、不器用で危なっかしいところも相まって、見ているこちらが、ついほっこりする愛らしさを生まれながらに備えている。

パンダは遊ぶことが大好き。飼育員が手にしている物を不意打ちで奪い去ったり、追いかけっこで右往左往させたり、かと思えばいきなり飼育員の足にしがみつき、頑として離さなかったり。そんなとき、飼育員は一瞬の隙を突いてダッシュで逃げるしかない。以前、ニューメディアで動画撮影をしていた図図《トゥートゥー》（仮名）がパンダについてかわいいと感じるところは、人を困らせるのが大好きという点だ。「パンダは、何をしているんだろう？という好奇心に満ちた目でこちらを見てきます。そしてこちらが持っている物を奪おうと駆け寄ってくるのです。なんともかわいらしいですよね」

七仔 チーサイ

秦嶺四宝科学公園の七仔は現存する唯一の褐色パンダで、生後約２ヶ月のときに野外で発見された。
撮影／雅雅

園満 ユエンマン

青海省の西寧パンダ館で特製ごはんを食べる園満

宝宝 バオバオ

ジャイアントパンダ保護センター臥龍神樹坪基地にて

ライブ配信でパンダが身近に

パンダの生活や習性を間近でのぞき、めったに見られない瞬間を目撃できるようになったのは、大多数の人にとって、ここ数年のことだ。

２０１３年以降、CCTV.com「iPanda パンダチャンネル」は、制作チームPANDAPIAと、パンダの保護研究および繁殖施設に関する提携を結び、近距離でパンダの映像を撮影し、ライブ配信をおこなっている。

図図はPANDAPIAチームの立ち上げ時からのメンバーの１人だ。成都パンダ繁殖研究基地のオープンな考え方によって、パンダがニューメディアで幾度もブレイクしたことに、図図は深い感銘を受けた。例えば２０１５年９月のパンダの出産ライブ配信。出産には一定のリスクが付きものであり、母親はうっかり赤ちゃんパンダを踏んだり傷つけたりするかもしれないし、死産の可能性だってある。自然現象であるとは言え、世間の批判を呼ぶリスクがあったわけだ。当時の基地の部門責任者と飼育員はそのことを懸念していたが、最終的に基地の統括責任者がゴーサインを出した。PANDAPIAチームはすぐさま分娩室に入り、４時間に及ぶライブ配信を敢行し、パンダ誕生の全プロセスを初めて世間に公開したのだった。

中国全土の可愛いパンダ公開！

中国のパンダは四川省だけではない。実は全国60余りの都市に500頭近くのパンダが分布している。ここでは主要なパンダ研究基地や中国各地のパンダをたっぷりご紹介する。

文／『和華』編集部　写真／CTP、CNSphoto

四川

成都ジャイアントパンダ繁殖研究基地

成都ジャイアントパンダ繁殖研究基地は、市内中心部から10km、双流国際空港から30km、天府国際空港から70kmほどで、成都市成華区パンダ大通り1375号に位置している。ここは世界を代表するジャイアントパンダ域外保全基地、科学研究・繁殖基地、教育普及基地及び文化観光基地であり、3.07㎢の敷地面積を有している。

緑豊かな山と清らかな水があり、鬱蒼とした森は多様な野鳥の鳴き声で満ち、「パンダの自然の楽園、私たちの理想郷」と言われている。

同基地の造園は、パンダの野生の生態環境を模倣している。産室、飼育エリア、科学研究センター、パンダ病院などを配置し、豪華なジャイアントパンダコテージは山林を生かしてゆったりと配置され、異なる年齢のジャイアントパンダたちが一堂に会し、仲良く生活している。

過去に国連で最高の環境賞である「世界500選」賞を2回受賞しており、2006年には中国国家AAAA級観光地に選ばれた。長年にわたり、同基地を訪れた国連高官や国家元首など貴賓は10万人以上に達し、年間の最高観光客数は約900万人に及ぶ。

三人で美味しくご飯をいただきまーす

わーい
竹がいっぱいあるよ
モグモグ
おいしすぎて目がとろん

同じ方向見て三つ子みたい

晩餐会の会場はこちらです

都江堰市繁殖育成野放研究センター「パンダバレー」

同基地の都江堰市繁殖育成野放研究センター「パンダバレー」は2015年4月20日に正式にオープンし、現在、年間10頭以上のジャイアントパンダが暮らしている。「パンダバレー」の敷地面積は約2004ムー（1ムーは約666．7㎡）、千年の歴史ある都江堰水利プロジェクトと道教の聖地である青城山に隣接している。成都市から50㎞、都江堰市から約3㎞の都江堰市玉堂街道に位置し、交通に便利だ。

ここでは竹が生い茂り、小川はさらさらと流れ、鳥がさえずり、花が香り、自然条件や気候に恵まれ、700種以上の動植物が生息する。まさにジャイアントパンダが野生に復帰する最適の基地だ。

同基地では、主にジャイアントパンダなどの希少動物の野生復帰訓練、野外復帰および繁殖を担当し、野生動植物の保護、野生復帰訓練および野外復帰、野外

二人で仲良しラブリー

救助、自然教育、エコツーリズムなどの活動を行っている。

「パンダバレー」はジャイアントパンダの生態コテージ、レッサーパンダの生態飼育エリア、回帰産室、三聖寺、湖周辺エリア、科学普及活動エリア、食事・休憩所、科学研究及びオフィスエリアなどの動物保護施設と周辺施設から成り立っている。

生後２ヶ月で初めて寝返りをしたパンダ赤ちゃん「福多多」

パンダ赤ちゃんの
勢揃いは中国ならでは

同基地内のパンダ幼稚園

赤ちゃんを抱き締めっているパンダ

同基地のパンダ赤ちゃん

繁殖と哺育のスペシャリスト

同基地は「ジャイアントパンダ域外保全生態模範プロジェクト」の基地として、ジャイアントパンダやレッサーパンダなど中国固有の希少動物の保護と繁殖を行っている。

過去30年に渡り、同基地は革新的な科学研究を通じて、ジャイアントパンダの人工飼育と管理、繁殖と哺育、疾病予防・コントロール、個体群の遺伝子管理などの難題を克服し、世界最大の飼育ジャイアントパンダ域外保全個体群を確立させた。その個体数は244頭以上に及ぶ。

さらに、同基地ではレッサーパンダ160頭以上も飼育しており、こちらも世界最大の飼育レッサーパンダの個体群である。

成都ジャイアントパンダ繁殖研究基地

住所：中国四川省成都市成華区パンダ大通り1375号
開園時間：7時30分～17時、閉園：18時
入園料金：55元／大人
電話：86-28-83510033
https:：www.panda.org.cn/jp/

北京

北京動物園オリンピックパンダ館のパンダはやんちゃで可愛らしく、「萌え」たっぷり。同館の完成によって、パンダがより豊かで自然に近い空間で活動できる。

上海

真夏の上海は高温が一向に下がらず、上海野生動物園のパンダが暑さを避けて涼んでいる。

重慶

重慶動物園で３頭のパンダが体をぎゅうぎゅうに押し付け合いながら、のんびりと戯れている。

山東

済南動物園屋外で秋の日差しを気持ち良さそうに楽しんでいるパンダ。

黒龍江

黒竜江省の亜布力パンダ館に住む「思嘉（スージア）」は屋外で餌を探しているときがとてもご機嫌で、雪の中を走り回る。

甘粛

中国のパンダが分布する３つ（四川、陝西、甘粛）の主要な省の１つで、110頭以上のパンダが分布している。甘粛省に起源を持つ岷山山脈は中国で最も多く野生のパンダが生息している。

江蘇

江蘇省蘇州太湖国立湿地公園のパンダが黄色いボールを興味津々に眺めている。

雲南

雲南野生動物園のパンダ「毛竹（マオジュー）」が観光客と対面。「毛竹」はパンダ館の改造で5ヶ月間昆明を離れていたが、動物園に戻ってきた。

吉林

吉林省のアムールトラパークのパンダはパンダ館の中でタケノコを食べたり、だらりとして日にあたったり、とてもくつろいでいる

浙江

浙江杭州動物園でパンダの「春生（チュンション）」と「香果（シャングオ）」がケーキのように積まれた竹を美味しそうに食べている様子。

福建

真夏に福建省福州市の海峡パンダ世界のスター「巴斯（バースー）」がシャワーを浴びて暑さをやわらげている。1990年の北京アジア競技大会のマスコット「盼盼（パンパン）」のモデルになった。

香港

香港海洋公園新パンダ館の「楽楽（ルールー）」が活動に出てきた。「楽楽」は11歳のオスで、性格は優しくて遊ぶのが好き。2007年4月に香港に来た。

澳門

「康康（カンカン）」は中国の中央政府がマカオ特別行政区に贈った「開開（カイカイ）」と「心心（シンシン）」の双子の息子。「康康」は飼育員が果物で作ったおいしいアイスケーキを楽しんでいる。

広州動物園

10 歳の誕生日パーティーを開催

2023 年 8 月 23 日、27 日は広州動物園の「星一（シンイー）」と「雅一（ヤーイー）」の 10 歳の誕生日。動物園は誕生日パーティーを開催し、広州ならではの「一盅二件」（お茶を飲みながらおしゃべりする）式誕生日の食事を用意し、2 頭の誕生日を祝った。

中国のパンダ お祝いの過ごし方を拝見！

パンダの誕生日はただ生まれた日をお祝いするというだけでなく、各動物園の一大イベントでもある。中国では、誕生日以外にも例えば春節、臘八節《ろうはちせつ》（春節の準備期にお粥を食べる風習）、端午節、中秋節など他の祝日にはパンダたちのまわりがとてもにぎやかになる。毎年恒例のお祝いに中国のパンダたちがどのように祝われているのか、のぞいてみよう。

文／『和華』編集部　写真／ CNSphoto

お誕生日、おめでとう！

重慶動物園

双子兄妹の誕生日会を開催

2023年7月22日、重慶動物園はパンダの双子の兄妹「渝可（ユーコー)」と「渝愛（ユーアイ)」のために1歳の誕生日会を開催し、スタッフが特製ケーキを作って健やかな成長を祝福した。

重慶動物園

「熊暁開《シオンシャオカイ》」と「猫暁域《マオシャオユー》」2歳の誕生日会を開催

2023年9月13日、重慶動物園は「熊暁開」(右）と「猫暁域」（左）の2歳の誕生日を祝う誕生日会を開催した。2頭のパンダはタケノコ、リンゴ、ブドウ、ニンジン、トマトなどの食材で作った誕生日ケーキを味わった。

江蘇南通森林野生動物園

オスメスの双子が7歳の誕生日を迎える

2023年8月12日、オスメス双子の「星輝（シンフイ)」と「星繁（シンファン)」が7歳の誕生日を迎え、動物園はドラゴンフルーツやリンゴなどの果物とタケノコ、竹などを使った特別な「誕生日ケーキ」を用意した。アジア競技大会に向けて、園内にはアイスホッケーシューズと毛糸のサッカーボールなども用意されており、暑さを和らげるだけでなく、パンダに娯楽も提供している。

浙江杭州野生動物世界

「麗麗《レイレイ》」が18歳の誕生日を迎える

2023年8月16日、18歳の「麗麗」が誕生日を迎え、動物園で誕生日会を開催した。誕生日の飾りに惹かれる「麗麗」。

重慶動物園　こどもの日

「こどもの日」のプレゼントはタンフールー！

2023年5月30日、重慶動物園のスタッフはリンゴ、ニンジン、タケノコなどの食べ物を氷糖葫芦（氷のタンフールー）にしてパンダに「6・1こどもの日」のプレゼントを贈った。

お祝い大好き！

端午の節句
重慶動物園

「ちまき」で端午の節句をお祝い

2023年6月22日、重慶動物園では端午の節句をテーマにしたイベントを開催し、「四喜丸子」や「渝可渝愛」など人気のパンダはニンジン、リンゴ、タケノコなどを原料とした特製の「ちまき」を味わい、市民や観光客と一緒に端午の節句を過ごした。

江蘇南通森林野生動物園　中秋節

特別な「月餅」を食べて中秋節を迎える

2023 年 9 月 27 日、江蘇省南通森林野生動物園の動物たちは一足早く楽しい中秋節を過ごし、園内のスタッフはパンダの好みに合わせ、美味しくて栄養のある各種の「月餅のごちそう」をオーダーメイドで作り、パンダたちに食べさせた。

江蘇南通森林野生動物園　臘八節

「特製の臘八のごちそう」を食べる

2024 年 1 月 16 日、江蘇省南通森林野生動物園のスタッフたちは、パンダの口に合わせた臘八美食を用意し、パンダに少し早めの楽しい「臘八節」を過ごしてもらった。

重慶動物園　春節

「莽燦燦《マンツァンツァン》」の萌えっぷりがかわいい

2024 年 2 月 2 日、中国の旧正月である龍年春節（旧正月）を前に、重慶動物園はパンダのために新春を迎える特色あるイベントを開催した。上：イベント現場で「莽燦燦」が「上くじ」に当たる。下：新春の飾りに引き付けられ、まじまじと見つめる「莽燦燦」。

四川臥龍神樹坪基地　春節

20 頭の赤ちゃんパンダが新春を祝う

2022 年 1 月 24 日、四川中国ジャイアントパンダ保護研究センターの臥龍神樹坪基地で、20 頭の生後半年前後の赤ちゃんパンダが集団で登場し、新春を祝った。

薛《せつ》剣《けん》
中華人民共和国の外交官。江蘇省淮安市漣水県出身。駐日大使館での在外勤務や北京の本省勤務を経て、2021年6月より駐大阪総領事を務める。

中国の国宝であり、1972年の日中国交正常化から現在に至るまで日中両国の友好と平和を願う使者であるジャイアントパンダ。今回は中国駐大阪総領事の薛剣氏に、総領事館としてどのようにパンダイベントを企画してきたか、また自身が提唱される「パンダ愛から人間愛」というテーマについて解説をお願いした。

中華人民共和国駐大阪総領事・薛剣氏

Look at China 中日友好の使者 パンダを通してより多くの日本人を中国に パンダ愛から人間愛へ

文・写真 /『和華』編集部　写真 / 中華人民共和国駐大阪総領事館

中国駐大阪総領事館はパンダに関するイベントに力を入れているイメージがありますが、総領事館としてこれまで取り組んできたイベントについてご紹介いただけますか。

これまで我々中華人民共和国駐大阪総領事館（以下、総領事館）では一貫してパンダに関する交流を重要視してきました。我々の総領事館が管轄するエリアにはパンダを飼育する動物園が2箇所あり、世界から見ても一番多くパンダがいる中国の在外公館となっています。

私は２０２１年６月29日に着任してから今日まで、神戸市立王子動物園、アドベンチャーワールドの２園とパンダに関するイベントや園関係者との友好交流を重ねてきました。着任当初、新型コロナウイルス感染症の影響で着任挨拶にもなかなか行けない中、２０２１年11月４日に神戸市立王子動物園にいるお嬢様「タンタン」を訪ねました。

タンタンは阪神淡路大震災の復興シンボルとして神戸にやってきて20年以上。これまで多くの日本国民に癒しや励ましを与え、また神戸の復興と発展を見守ってきました。そのような大先輩に必ず挨拶しなければ、という思いで向かいましたが、当時のタンタンはすでに28歳と非常に高齢で、体調も万全ではありませんでした。そんな中でも変わらず中日友好の使者として活躍している。まさしく私の立場と同じ外交官のようなタンタンを見て、非常に感慨深かったです。

これまで行ったパンダイベントにはどのようなものがありますか？

ご承知の通り、これまで数多くのパンダイベントを行ってきました。例えばパンダの誕生日をお祝いするイベントや、中国の春節や中秋節などの祝日にプレゼントを寄贈、神戸市立王子動物園では「心の中のパンダを描こう」お絵描きパンダアートコンテストの開催、和歌山県にあるアドベンチャーワールドでは「パンダちゃんと一緒にGO！」親子バスツアー、パンダ基地の獣医に登壇してもらったオンライン講演会など、挙げれば数えきれません。

その中で特に印象に残っているのは２０２２年に行った3月8日国際女性デー、そして永明中日友好特使任命イベントです。中国では国際女性デーを非常に重要視しており、この記念すべき1日をどのように過ごすか検討した結果、日本に住む我々中国女性の代表として王子動物園のタンタンにフルーツをプレゼントするイベントを行いました。永明はご存知の通りこれまで数多くの繁殖に成功したヒロインと呼ばれるパンダであり、永明のこれまでの功績を讃え、且つ中国に戻ってからも日本との友好を委任するための「中日友好

2022 年 3 月 8 日の国際女性デーを祝して、タンタン姐さんにプレゼントしたリンゴを見つめる様子

永明が中国に帰国することになり、多くのファンから寄せられたメッセージ

中国駐大阪総領事館より
国内初となる「中日友好特使」を拝命しました

特使」の称号を特別に永明に贈呈することにしました。永明の帰国を惜しむ多くのパンダファンの方にも参加して頂き、改めて永明がこれまで中日友好に多大なる貢献をしてきたことを実感しました。

これまで日本のパンダファンと交流していく中で、印象に残っていることはありますか？

毎回総領事館でイベントを企画する際、関西地方はもちろん、日本全国津々浦々から参加してくださる方も多く、もちろんパンダイベントも例外ではありません。私の印象では、日本人の方のパンダ愛は非常に純粋で、心からパンダを愛しているのだと伝わってきますし、この愛情は必ずパンダにも届いていると思います。

中にはパンダを見ることをライフワークに、毎日通われている方や、パンダファン同士でコミュニティを形成して活動されている方など、皆さんの情熱にいつも感服し、感謝の気持ちでいっぱいです。我々の国宝であるパンダたちを常に考えて、愛してくださり本当にありがとうございます。また常日頃から我々総領事館の主催するイベントをフォローしてくださり、誠にありがとうございます。

「パンダ愛から人間愛」という言葉を提唱されていますが、改めて詳しく教えていただけますか。

上述したように、日本の方は非常にパンダのことを重要視し、生活の一部に取り込むような方も多くいます。これは昨今の日中関係が緊張していく最中においても変わらない事です。ではなぜパンダは愛して、パンダの故郷である中国を愛してくれないのか？　皆さんがパンダを愛する気持ち、この素直で純粋な想いを人間にも転換することで、世界は平和になると思いませんか。

ただの生きたおもちゃではありません。パンダは１９７２年、中日国交正常化の記念すべき年に、中日民間友好の使者として中国を飛び出して、見知らぬ土地にやってきました。いつ祖国に帰れるか分からない状況下で、言語も環境も全て違う中で、これまで中日両国のために貢献してきました。この大きな使命の裏に隠された努力と苦労は想像もつきません。パンダ愛だけで終わるんだったら、余りにももったいないし、友好使者のパンダにも申し訳ありません。

これからも、パンダたちが中日友好の架け橋としての使命を果たすサポートを、我々総領事館としても責任を持って取り組んでいければ

と考えています。例えば「パンダ愛から人間愛」というような、パンダたちの使命に込められた想いを私たちが実際に発信したり賛同者を増やしたりすることも我々の役目の一つです。『あなたのゆめは』を執筆された絵本作家の川本泰史さんは、絵本の中でパンダを通して中日両国の友好の理念を掲げてくださり、まさしくパンダ愛から人間愛の関係性を表現してくれました。

今後はパンダと関連するどのような活動を展開していくご予定ですか。

中日友好の根幹には民間交流がある。これは中日交流の特色であり、今の時代でも変わらない大切な事です。現在はメディアの偏向報道などの影響により、日本人の対中感情の悪化と誤解が顕著になっています。このような状況を変えるためには、やはり中国に触れてもらうしかない。渡航してもらうしかないと思います。パンダとの交流を通して中国に興味が湧いたり、中国語を学び始めたり、実際に中国に関連する具体的なアクションを起こしたファンの方も多くいると聞きますし、実際私たちの元へもそのようなメッセージが届いています。

２０２４年度、我々が掲げるテーマは、「Look at China・Go to China」です。「百聞は一見に如かず」という諺がありますが、現代社会では一見することはＶＲでも動画でも似たような体験をすることができます。現在ではまさしく「百見は一行に如かず」のごとく、先ずは中国に行って、自分の目で、肌で体験してもらえるようにと願っています。そのためにも、パンダをきっかけとして我々のパンダイベントに参加してもらい、そこから中国に興味を持ってもらい、その後中国へ行く機会を作りたいと思います。パンダファンの方々には、中国パンダ基地でパンダとの交流を楽しんでもらうことはもちろん、それ以外にも観光地を巡ったり、本場中国のガチ中華を味わったり、中国社会、文化、経済発展を体験してもらえるような機会を数多く作っていきたいと思っています。

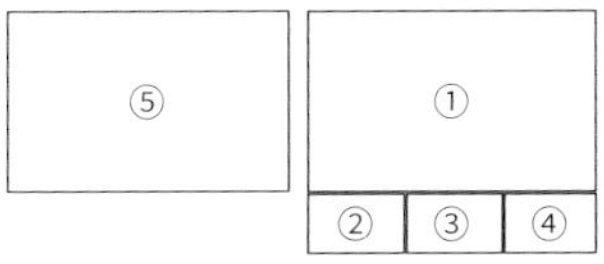

①和歌山県アドベンチャーワールドで行われた「永明」31歳の誕生日を祝うイベント ②タンタンのお見舞いで神戸市立王子動物園を訪ねる薛剣総領事 ③神戸市立王子動物園園内ホールにて開催された「心の中のパンダを描こう！　パンダアートコンテストIN 王子動物園」での講演 ④中国に帰国する永明に中日友好特使を任命 ⑤日中新春互礼会上にて新年のスローガンを発表する薛剣総領事

2023年11月「ニーハオ中国！　四川悠々ーシャンシャン再会の旅」と題し、ジャイアントパンダファン16人が四川省雅安市にいる「香香」(シャンシャン)を訪ねるツアーが開催され、日中両国で注目を集めた。今回は、この旅を綿密に企画・立案した中国駐東京観光代表処の欧陽安首席代表にインタビューし、パンダをテーマにした一連の活動の紹介と、今後の日中交流の展望についてうかがった。

中国駐東京観光代表処首席代表・欧陽安氏に聞く

ジャイアントパンダブームで日中間の文化・観光交流が活性化

文/『和華』編集部　写真/中国駐東京観光代表処

中国駐東京観光代表処が「香香《シャンシャン》」の訪問ツアーを企画したきっかけを教えてください。

パンダは中国の国宝であり、中日両国の親善と文化交流の使者でもあります。１９７２年の中日国交正常化後、中国政府はパンダの「康康《カンカン》」と「蘭蘭《ランラン》」を日本国民に贈呈し、日本では空前のパンダブームが巻き起こりました。以来、歴代のパンダは日本国民に愛され続け、特に２０１７年６月に上野動物園で誕生した「香香」は国民的スーパーアイドルと言われています。

２０２３年２月に「香香」が中国・四川省に帰国すると、多くの日本のファンから中国での生活について質問が寄せられました。我々観光代表処のＳＮＳで「香香」の帰国後初公開動画をリポストすると再生回数が30万回にも達するなど、これらはすべて日本人の「香香」への関心が社会現象になったことを示していると思います。

私は日本の方々の「香香」に対する愛情にとても感動し、また日本のパンダファンの方々の「四川に行って『香香』にもう一度会いたい」という願いを叶えたいと思い、今回の「ニーハオ中国！　四川悠々ーシャンシャン再会の旅」を企画しました。このようなツアーを通して、よ

欧陽安　おうよう　あん

1975年生れ、江西省出身。2001年に中華人民共和国文化部（現在文化と観光部）入省。中華人民共和国駐日本国大使館文化部にて2度の勤務経験有り。2022年3月より中国駐東京観光代表処首席代表に就任。

左・右：2023年11月6日、中国文化センターで開催されたツアー参加者一行の壮行会

り多くの日本の友人に、四川省を訪ね、「香香」に会ってもらいたいと思います。もちろん、四川省には「香香」だけでなく、「香香」の友人や親戚のパンダもたくさんいます。同時に、「香香」に会いに行く間に、中国文化への理解を深め、歴史を感じ、料理を味わうなど、中国を知り、中国を好きになってほしいと願っています。

本ツアーの詳細について教えていただけますか。

ツアー出発前日の2023年11月6日には、東京にある中国文化センターでツアー参加者一行の壮行会を実施しました。会場には日本全国から100人近い「香香」ファンが参加し、「香香」に宛てた多くの手紙やイラスト、絵葉書などのプレゼントが訪中する団員に託されました。

11月7日から11日はツアーの本番でした。私は代表団の団長として、パンダ写真家、インフルエンサー、翻訳者、編集者など合計16名のパンダファンを率いて東京から中国の四川省へ、「香香」訪問ツアーを開始しました。成都に到着したのは深夜。翌朝のバスで雅安の碧峰峡パンダ基地に向かいました。

基地のスタッフに「香香」の食事時間を聞くと、1日4回、10時、14時、15時、16時とのこと。午前中の食事時間を逃してしまったので、13時半くらいから「香香」の餌場で辛抱強く待っていると、ガラス張りの壁の外から「香香」の生き生きとしたかわいい姿が見えました。

みんなが大興奮したのを今でも覚えています。掲げた手のひらの中には、スマートフォンやカメラのほか、「香香」へのプレゼントもありました。慌ただしく写真撮影を終えた仲間たちの表情には、感動と満足感が満ち溢れ、そして目に涙を浮かべていた団員もいました。

中国駐東京観光代表処では普段どのようなパンダ関連の活動を企画されていますか。

誕生日会、中国訪問ツアー、オンラインイベントなど、パンダに関連するイベントはこれまで6回企画しました。私たちは上野動物園にいるパンダを対象にした誕生日会を企画しており、「香香」は2017年6月12日、母親の「真真《シンシン》」は7月3日、父親の「力力《リーリー》」の誕生日は8月16日、彼らの双子のパンダ「暁暁《シャオシャオ》」と「蕾蕾《レイレイ》」の誕生日6月23日にそれぞれ誕生日会を行いました。

2023年6月12日、「香香」はすでに中国に帰国していましたが、「香香」ファンの皆さんと一緒に日

「香香」に宛てた多くの手紙やイラスト、絵葉書などのプレゼントをファンから預かった

四川省雅安市碧峰峡パンダ基地での「香香」
写真／高氏貴博（毎日パンダ）

写真／高氏貴博（毎日パンダ）

本で温かい誕生日会を開催することにしました。この誕生日会は、参加者やマスコミともに過去最大の反響を呼びました。日本のパンダファンから届いた数多くの素敵なアルバムも、「香香」が暮らす四川省雅安市の碧峰峡パンダ基地に送り届けました。

日本のパンダファンと接する中で、どのようなパンダへの情熱や愛を感じますか。

日本人のパンダに対する愛情はこれ以上ない位高まっていると言えます。「香香」が生まれて初めて公の場に姿を現したときはもちろん大反響。２０２３年２月に中国に帰国する前は、上野動物園で「香香」を見るために抽選に参加、また数時間に及ぶ長蛇の列に並ぶファンが続出して圧巻でした。

帰国の日には、会えないとわかっているにも関わらず、多くのファンが上野動物園に足を運び、道の両側に立って別れを惜しみました。空港で見送るファンもおり、「香香」を運ぶ特別チャーター機が飛び立つと、多くのファンが涙を流しながら「香香」に感謝し、無事を祈る姿は感動的でした。

日本人の中には、「香香姫」と呼び、「香香」を自分の娘のように可愛がる人もいます。パンダ写真家として有名な高氏貴博氏は、「香香」との出会いから中国に帰るまでの5年間、毎日上野動物園に通って撮影していました。「香香」の成長を見守ることは、自分の娘が健やかに成長するのを見守るのと同じくらい嬉しく、感動的だと言っていました。

また、よくパンダを見に動物園

に来る病気の女性がいますが、生き生きとした愛らしいパンダには本当に奇跡的な治癒力があるのか、彼女は徐々に回復していったと聞いたことがあります。

一年中パンダを見るために動物園に通う日本のファンも多く、中には家族全員でパンダを見に行く人もおり、親子二代の素晴らしい思い出の中に、パンダは常に存在しています。日本のファンのパンダに対する愛情は、中国人にとっても忘れられない、感動的なものなのです。

日中交流におけるパンダの役割をどのように考えていますか。

１９７２年に中日国交正常化が実現した年に中国からパンダが来日しました。２０２２年はパンダ来日から50周年、２０２３年は中日平和友好条約締結45周年と記念すべき年を迎えた中で、近年日本では再び「パンダ熱」が高まっています。

現在、日本には9頭のパンダが飼育されています。上野動物園の「暁暁」、「蕾蕾」、「力力」、「真真」、アドベンチャーワールドの「良浜《ラウヒン》」、「結浜《ユイヒン》」、「彩浜《サイヒン》」、「楓浜《フウヒン》」、神戸市立王子動物園の「旦旦《タンタン》」。これらの動物園のパンダは、日本人にとても人気があり、愛されています。日本にはパンダファンが多く、パンダは動物園の発展だけでなく、「パンダ経済」の原動力にもなっています。

50年以上にわたり、パンダは中日友好交流のシンボル、使者として、両国の相互理解を促進し、友好感情を高め、中日交流にとってかけがえのない重要な役割を果たし、大きな貢献をしてきました。今後も、パンダをテーマとした交流活動を続けていきます。さまざまな活動を通じて、日本の皆さんがパンダへの愛情を持ち続け、パンダを縁として中日両国民の友好交流を深め、両国の文化・観光交流を促進することを願っています。

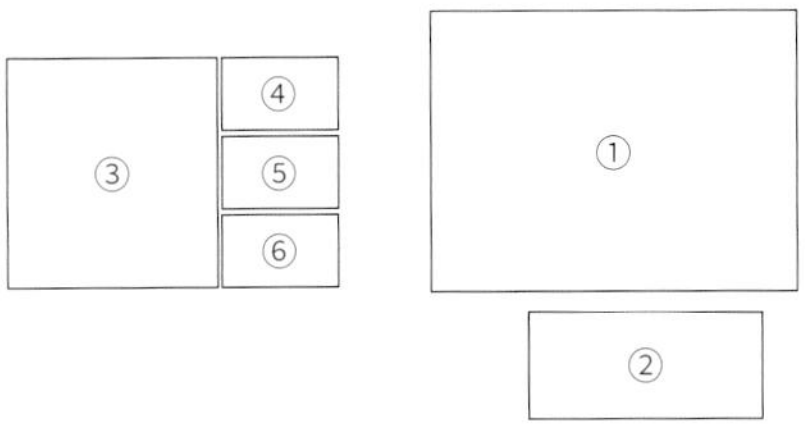

①②「香香」が暮らす四川省雅安市の碧峰峡パンダ基地 ③2023年6月23日、「暁暁」と「蕾蕾」の誕生日会 ④2023年7月3日、「真真」の誕生日会 ⑤2023年8月16日、「力力」の誕生日会 ⑥2023年6月12日、「香香」の誕生日会に多くのファンが参加した

中国との友好交流を積極的に推進する和歌山県

パンダをフックにより 中国を知ってもらえるように

和歌山県は中国の山東省、四川省と友好提携を結んでおり、日本国内の地方自治体の中でも特に中国と積極的に交流している。今回は和歌山県庁国際担当参事の岡澤利彦氏、観光交流課長の和田英聖氏に和歌山県とパンダ、そして中国との交流についてお話を伺った。

文 / 『和華』編集部　写真 / 和歌山県 中国駐大阪総領事館 アドベンチャーワールド

岡澤 利彦　おかざわ　としひこ

和歌山県企画部国際担当参事（現職）。1966 年和歌山県出身、1988 年和歌山県庁入庁、2016 年商工観光労働部観光局観光交流課副課長、2018 年企画部国際課副課長、2020 年企画部国際課長を経て現職。

和田 英聖　わだ　えいせい

和歌山県商工観光労働部観光局観光交流課長（現職）。1990 年香川県出身。2014 年国土交通省入省、2017 年 4 月観光庁国際観光課企画係長、2019 年 7 月国土交通省航空局航空ネットワーク部航空事業課企画調整官を経て現職。

和歌山県と中国との交流について、これまでの歩みを教えてください。

和歌山県は１９８４年に中国山東省、２０２２年に四川省と友好提携を結んでいます。アドベンチャーワールドのおかげで、県外の方が和歌山県と中国を結びつける際にパンダをイメージすることが徐々に定着しつつありますが、それ以外にも中国とは数多くの交流があります。

例えば和歌山県には遣唐使とし

中国四川省—日本和歌山县建立国际友好省县关系签约仪式

て中国に渡った弘法大師空海が開いた真言密教の根本道場高野山、秦の始皇帝から命を受けて日本に不老不死の薬を探しにきた徐福が上陸したと言われる新宮市の徐福公園、また、杭州市にある西湖の六橋をモデルにしたと言われている三段橋や日中平和友好条約締結を記念して初代中日友好協会会長廖承志が揮毫し、和歌山県日中友好協会に贈られた「日中友好千年萬年」の書を記した記念碑がある紀三井寺などがあり、古来から現在に至るまで、時代ごとに中国と多くの交流を行ってきました。

今回はパンダ特集号ということで、和歌山県のパンダ誘致に関するお話をご紹介いただけますか。

和歌山県にパンダが来たのも、パンダ繁殖研究を目的にアドベンチャーワールドが誘致を行ったためでした。動物輸入等の手続きに関しては、県庁は監督官庁ではないので、あくまでアドベンチャーワールド、そして県内の議員、和歌山県日中友好協会など、様々な市民・団体がパンダ誘致に関して声を挙げ、まさしくオール和歌山でアドベンチャーワールドの誘致活動を応援した結果、無事にパンダが白浜の地に来ることになりました。これまで17頭のパンダが誕生しており、観光面においてパンダは和歌山県になくてはならない存在となっており、県のシンボル的な存在と言っても過言ではありません。

和歌山県が四川省と友好提携を結んだことと、これまでのパンダ交流には深い関係性がありますか?

四川省成都ジャイアントパンダ繁殖研究基地と白浜アドベンチャーワールドが1994年から「ジャイアントパンダ日中共同繁殖研究」を実施していることによる両施設の草の根の交流が端緒となり、

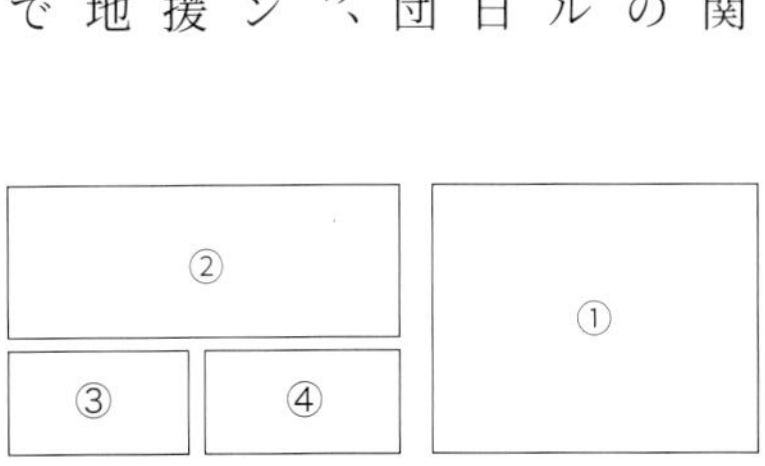

①和歌山観光PRシンボルキャラクター「わかぱん」②四川省との友好提携オンライン締結式 ③徐福の墓を有する徐福公園 ④高野山壇上伽藍・御影堂(写真/photo-ac)

和歌山県と四川省は不定期にですが交流を行ってきました。

そんな中なぜ急に友好提携を結ぶことになったのかというと、事の発端は２０１９年。アドベンチャーワールド主催で「ジャイアントパンダ日中共同繁殖研究シンポジウム」が白浜町にあるマリオットホテルで行われ、成都ジャイアントパンダ繁殖研究基地からも関係者の方々が来日されました。

同年は山東省との友好提携35周年の節目で、10月に当時の仁坂吉伸知事が訪中を予定しており、折角なので四川省を訪問し、パンダ基地や観光フォーラムに参加、もちろんその場で当時の四川省省長の尹力氏と会合しました。

表立ってはパンダを通しての交流ですが、四川省は地震などの災害が頻繁に起こっていることもあり、災害対策などの交流、人材育成の交流、観光の相互協力などの目的もありました。新型コロナウイルスの影響で一部制約は受けましたが、２０２０年３月に友好交流関係の発展に係る覚書を取り交わし、コロナ禍においてもオンラインを活用した交流事業を積極的に実施していました。

その後２０２２年には、四川省と友好県省関係の締結に関する議定書を締結しました。今後も、双方の政府間の往来やファムツアーなど、四川省とのパンダが結ぶ友好交流を推進していく所存です。

今後和歌山県としてはどのようにパンダを活用した交流を行っていく予定でしょうか。

日本と中国との関係は国レベルでは色々と言われていますが、日本と中国は隣国として非常に重要な関係なので、地方交流では仲良くなろうと積極的に取り組んできました。どうすれば本当の相手国の姿を、中国の友好省である山東省、四川省を多くの県民の方に知ってもらえるか、中国駐大阪総領事館とも相談しながら、様々なイベントを企画しています。その中で、より多くの人に興味関心を持ってもらえる方法を考えると、やはりパンダを入り口にした企画が増えて来るかと思います。

例えばこの数年、関東エリアでパンダ・白浜に関する宣伝を行ったことで、多くの方に和歌山県を知ってもらい、旅行者数も増やすことができました。まさしくパンダはキーシンボルと言えるでしょう。アドベンチャーワールドの「浜家」はもちろん、和歌山県においてもパンダモチーフにより観光ＰＲシンボルキャラクター「わかぱん」を制定

し、各種イベントへの参加やメディア展開を通してパンダをフックとした情報発信を実施しています。

またアドベンチャーワールドのある白浜には東京・羽田との直行便を持つ「熊野白浜リゾート空港」があり、一昨年には国際線ターミナルも設置されたところです。今後、和歌山県としては、東京をはじめとした首都圏はもちろんのこと、世界中に対して和歌山のパンダを発信していきたいと思っています。

今後のパンダに関係する中国側政府との連携や交流に関する展望についてお聞かせください。

中国の国宝とも言われるジャイアントパンダは、我々日本人、和歌山県民にとってもアイドル的存在です。文字通り日中間の架け橋として、近年においてもアドベンチャーワールドでパンダをフックとした日中交流イベントが開催されています。このようなイベントには、中国からのオンライン参加者もいると聞いています。ぜひ中国の皆様にも「日本のパンダ聖地といえば白浜」と認識していただき、パンダをきっかけとして、日中間、和歌山県と中国間の友好交流が一層深まることを期待しています。

また本年は山東省との友好提携40周年の節目であります。岸本和歌山県知事は今年7月に山東省を訪問し、加えて友好提携を結んだ四川省も訪問する予定です。それ以外にも、中国駐大阪総領事館とも協力し、日中双方の若者を相互派遣したいと考えております。

①山東省との友好提携35周年を記念した訪中②和歌山県観光連盟 ×「男の隠れ家」企画 セミナーイベント『パンダの隠れ家』③東京ガーデンテラス紀尾井町主催の「KIOI×パンダdeナイトII」④薛剣総領事が和歌山県庁来訪時、岸本周平和歌山県知事との記念写真

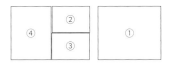

『あなたのゆめは？』作者・川本泰史氏に聞く

絵本執筆に秘められたパンダ愛

タンタンの貸与期限が迫っていることを知り、何かタンタンのためにできることはないか？と一念発起した川本泰史氏はタンタンの絵本を執筆することを決意。今回は絵本制作に関するエピソード、絵本制作後の反響や中国駐大阪総領事館と行ったイベントなどの話をうかがった。

取材協力・写真提供／川本泰史　文／『和華』編集部

あなたのゆめは？
作・英文　かわもと やすし／中文　かわもと かずみ
KAWAMOTO Yasushi ／ KAWAMOTO Kazumi
『読み聞かせ』にオススメ！
パンダさんといっしょに
どうぶつさんのゆめを旅しよう!!
文芸社セレクション　文芸社

絵本『あなたのゆめは？』表紙

イベント上で絵本の原画を紹介する川本氏

川本 泰史 かわもと やすし

1965年京都府出身。同志社大学経済学部卒業。東京、大阪、和歌山等に勤務後、2018年株式会社三井住友銀行を退職、神戸土地建物株式会社に転籍（現職）。2021年絵本『あなたのゆめは？』を出版。

ご自身のパンダとの出会い、好きになったきっかけを教えていただけますか？

私より年上の日本人は、１９７２年に初めてパンダを知ったと思います。パンダの初来日前、母に「パンダって本当にいるの？」と聞くと、「そんなマンガみたいな動物いるはずないでしょ！」と言われたのを覚えています。来日後は全国でパンダフィーバーが起こり、学校でもみんながこぞってパンダの話をしていましたが、私はほとんど興味がありませんでした。

その後、社会人になってからパンダを見ることはありました。しかし、上野では「こんなに並んで見るものかなぁ？」とうんざりし、和歌山では「こんなに沢山いたの!!」と驚いただけです。依然、私はパンダに関心がありませんでした。

２０１８年に転籍し、時間に余裕ができた私は、家の周りを散策することが増えました。家の近くの神戸市立王子動物園には３０００円の年間パスポートを買い、頻繁に通いました。

そこではパンダがゆっくり見られました。のんびり竹を食べているパンダのタンタンをゆ〜っくり、じ〜っくり眺めることができました。ひとりで周りを気にせず悠々

迎春レセプションで中国駐大阪総領事館に贈った絵「パンダさんの松竹梅図」（部分）

と暮らすタンタンと波長が合うような気がしました。このタンタンとの出会いが私にとってのパンダとの出会いと言えると思います。

パンダの絵本を執筆するきっかけは何だったのでしょう。

ちょうどその頃「タンタンの貸与期限が来る」ということを新聞で知りました。震災後の神戸の人々を勇気づけてくれたタンタンにいつまでも居てほしいという内容でした。震災時は東京にいて、復興後に神戸に来た私は「負い目」みたいなものを感じていました。何かしたいと思い「タンタンがどれほど神戸市民に愛されているか」「王子動物園そして神戸の街がいかに素晴らしいところか」をアピールすべく絵本を作って中国のパンダ関係者に贈ろうと思いました。なぜ絵本だったのかは分かりませんが、コミュニケーション手段としてちょうど良いと思ったのです。

絵が得意なわけでもなく時間が掛かってしまい、原画が出来上がる前に「貸与期限は延長されない」と決まりました。その後は、せめてタンタンが中国に里帰りする際に、手土産にしてもらい、タンタンがいかに神戸市民そして日本人から愛されてきたかを知っていただき、よろしくお願いしますという気持ちを伝えたいと思いました。

王子動物園に原画コピーを持参し、色々と指導していただきました。王子動物園をモデルにするのは良いが、「王子動物園」や「タンタン」という固有名詞の使用は不可。「王子動物園」ではなく「神戸動物園」なら良いとのことでした。実は、持参した原画には「タンタンへの感謝の言葉」と「タンタン帰国後の王子動物園」の場面があったのですが、それは割愛しました。

裏表紙を追加し、カバーを取ると中国の空港でタンタンを出迎える大勢のパンダが現れるようにしました。

絵本が完成した後の反響はいかがでしたか。

寄贈式のときに中国の子供たちからビデオレターをもらいました。「どの場面が好きか」「将来は何になりたいか」を楽しそうに話してくれました。この動画は中国駐大阪総領事館がYouTubeにアップしていて、私にとっては何度見ても飽きない思い出のアルバムになりました。

他にも手紙やメールを送ってもらうことがあります。ただ「タンタンが一人でかわいそう」と泣いてしまった子供がいたのには、もっと別のアイデアが出なかったのかと反省しました。

もちろん、大人からの反応もうれしいです。寄贈式では王子動物園の加古裕二郎園長からビデオレターを頂き、自ら童心に帰り絵本を楽しんだと仰っていました。モデルにした動物園の関係者、ましてや園長に読んでいただいて感想までいただけたのは光栄です。パンダ関連イベントや王子動物園の集まりの出席者からも概ね好評で大変うれしく思っています。

関西のパンダファンにとって、中国駐大阪総領事館はどのような存在なのでしょうか。

関西のパンダファンは中国駐大阪総領事館がパンダ関連各所にパイプを持っているのを頼もしく思い、イベントを楽しみにしています。

薛剣氏が総領事になられてからパンダファンの期待は大きくなっているようです。それは薛剣総領事が持っている「遊び心」に起因すると思います。

例えば、寄贈式の後、タンタンにも贈り物をしようと総領事館から連絡がありました。大好物のリンゴと総領事と作者のサイン入り絵本を贈りたいと言うのです。リンゴは分かります。が、絵本を贈るとは普通は考えません。自分がモデルの絵本を贈られて、タンタンはどこにしまっているのでしょう。時々出して読んでいるのでしょうか？　そんなところを飼育員の梅元さんや吉田さんに見つかったらどうするのでしょう。振り向いた姿は絵本の表紙そのもので、可愛らしいを通り越してちょっと怖いです。そこまでのストーリーを想像させるのが薛剣総領事の「遊び心」です。関西のパンダファンはそこに魅力を感じ期待しています。私はその「遊び心」につられ、贈る絵本の見開きを丁寧に色付けして動物園に送りました。

そんな私と総領事との出会いは、絵本の出版と同じ月の２０２１年６月に薛剣総領事が就任されたのを新聞で知ったときでした。手紙を書き、絵本を送りました。程なく総領事館の杜雨萌さんから電話がありました。その後、11月４日に薛剣総領事が王子動物園に来られた際にお会いし、絵本１００冊を総領事館にお渡ししました。

その１年後の同じ日、２０２２年11月４日、中国駐大阪総領事館にて中国四川省の臥龍地区パンダ保護センターと王子動物園をオンラインでつなぎ、絵本寄贈式を開いていただきました。画面の向こう側でパンダ保護センターの李徳生副主任ら３名の手元に絵本が届

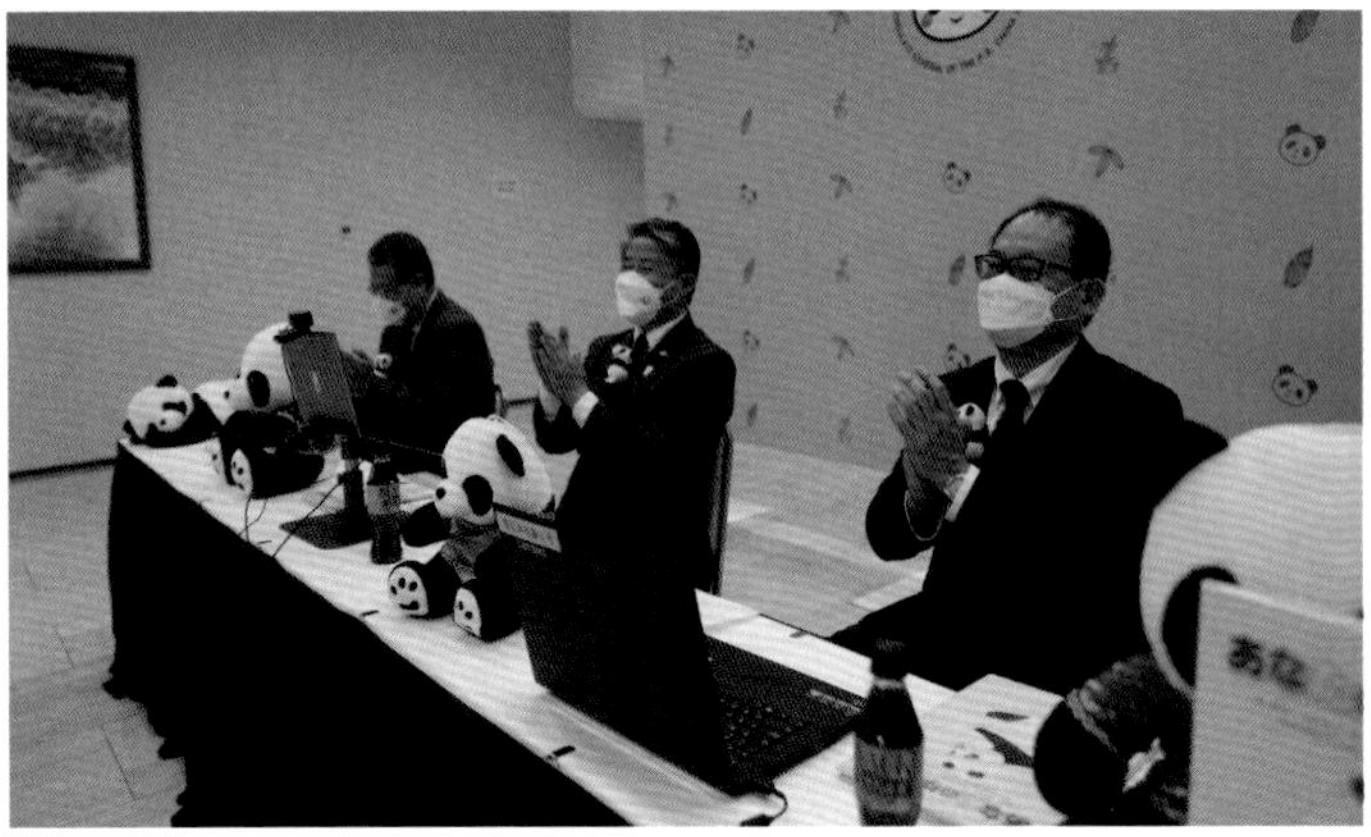

くのを見て、当初の目的が達成できたと実感しました。

総領事館の方と直接お会いすると、中日友好のために努力されているのがよく分かり、お手伝いしたいという気持ちになります。その後も子供のお絵かき会の審査員や展示会等でお手伝いさせていただきました。

今後の展望を教えてください。

総領事館や王子動物園の方々と接し、「中日友好をはじめとする世界平和」「種の保存などの環境保全」の大切さを実感すると同時に、そのためには「人々の交流」と「関心と資金を集めること」が重要だと考えるようになりました。それらは、例えば「パンダが好き」ということを起点としても取り組めると思います。とは言え、大きなことはできませんので、私がやりたいことを列挙します。

❶残りの絵本を使って中国と日本、そして英語圏の子供を招待して、王子動物園や「こども本の森 神戸」などで「絵本お楽しみ会」を開きたいです。読み聞かせではなく、この絵本独特の楽しみ方で言語が違っても交流する楽しみを実感して欲しいです。

❷この絵本は絶版になっています。新たな出版社を見つけ、「神戸編」と副題を添えて再版したいです。表紙に「神戸タータンのチェック柄」を使いたいです。

❸この絵本はどの都市、どの動物園もモデルにできるので、「上野・東京編」や「和歌山編」も作りたいです。中国の動物園から依頼があれば是非やりたいです。

❹絵柄が「下手さ」も含めて受け入れられているようです。クリアファイルや卓上カレンダー等のグッズに使ってもらえるのであれば、一生懸命描きたいと思っています。王子動物園の集まりでもオリジナルグッズの希望があり、ご協力できればうれしいです。

❺絵本の対象年齢以外をターゲットにマンガで神戸市など地域の紹介をして全国各地・海外から来ていただけないかと思案中です。

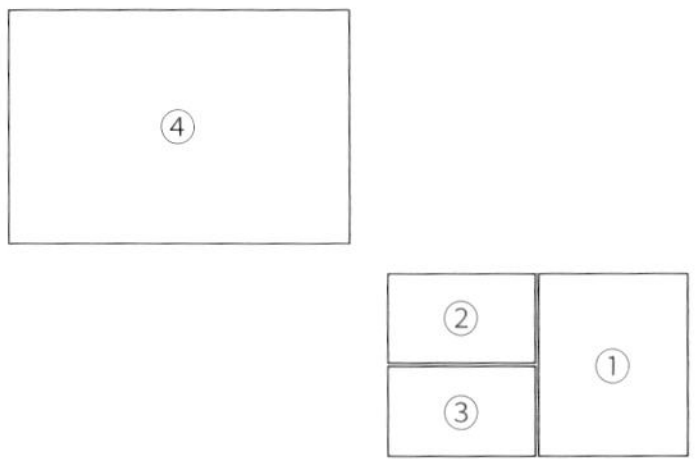

①2023年12月9日大阪多元文化センターで開催したイベントで登壇する川本氏②、③2022年11月4日、中国駐大阪総領事館で行われた絵本寄贈式 ④テーブルで食事するタンタン

パンダ 写真 SNS コンテスト

中国駐大阪総領事館・『和華』共催

半月ほどの短い期間に多くの方々にご投稿いただき、ありがとうございました。おかげ様でなんと合計 **419** 枚のパンダ写真をご投稿いただきました。皆さんの写真はどれも可愛くて、温かなパンダ愛が溢れる写真ばかりです。なかなか選びきれず全部掲載したいぐらいでしたが、厳選に厳選を重ねた末、受賞写真を含め、一部のみを掲載させていただきます。

雑誌『和華』賞

審査員からのコメント

タンタンといえば！のタイヤ＋偏食で有名なタンタンが竹をむしゃむしゃ食べている様子は……。本当に美味しそうでたまらないですね。早く一般公開が復活され、こんなにも美味しそうにご飯を食べる様子を生で見られる日が来ることを、我々編集部も心待ちにしています！

マミ　@0147mami

2021.7.5　神戸市立王子動物園

タンちゃんといえばタイヤさん。まるで舟をこいでるようなポーズをとってくれました。タイヤさんにちんまり収まってるタンちゃん、とっても可愛かったです。

雑誌『和華』賞

審査員からのコメント

様々な表情や動きをとらえた可愛い写真がたくさん。見ている中でもつい気になってじっと眺めてしまったのが、後ろ姿の写真でした。ぼんやりしてるのか、ほっと一息ついているのか。名状しがたい気持ちがこみ上げるのです。

るるる　@panda20201122

2024.1.29

アドベンチャーワールド

楓浜。生後 8 ヶ月の頃、SNS で可愛い後ろ姿の写真を見掛けたのがキッカケでパンダ好きがスタートしました。あれから 2 年半程が経ち、元気でこんな立派に成長して嬉しい限りです！

雑誌『和華』賞

審査員からのコメント

パンダの子どもと母親が一緒に過ごす時間はもともと短い上に、授乳期間はさらに短いものです。それは子どもにとっても母親にとっても二度と戻れない尊く贅沢な時間です。コロンと横になっているパンダの母親も幸せそうな顔をしています。そんな親子の授乳シーンを見るだけで心が癒され、親子の愛はパンダも人間も本当に絶対的な愛だなあと思わせる写真です。

じず　@HhSwC3GzpQSyXCP

2022.8.7　恩賜上野動物園

双子への授乳シーンに遭遇出来、感動の瞬間でした。

中国駐大阪総領事 賞

審査員からのコメント

パンダが中国の美しい自然の中で楽しそうに生きてる姿は非常に可愛いです。この可愛いパンダの姿と、中国の綺麗な自然風景を、一枚の写真で表現しており、とても感動しました。

かっちゃん @kacchanyama
2023.5.15 四川臥龍熊猫自然保護区

四川省でパンダボランティアをした時の写真。
高い木に登る子パンダから目が離せませんでした。

中国駐大阪総領事館 賞

審査員からのコメント

いつも中国駐大阪総領事館をご支援いただきありがとうございます。パンパンも投稿を見て感動していましたよ！ これからも日本のファンの方々に喜んで頂ける様にパンパンと共に頑張っていきます！

jcfa_head @jcfa_head
2022.3.8 中国駐大阪総領事館

いつも愛らしい笑顔で民間交流の推進に取り組む、大熊猫外交官界唯一無二のアイドル・パンパンさん（左）。
いつも癒やしをありがとう♡

アドベンチャーワールド 賞

審査員からのコメント

これまで、パンダファミリーのしあわせの輪を広げてくれた、お父さんパンダ「永明（エイメイ)」。凛々しさと風格、そして、未来へと進む力強さを感じる1枚です。

xiangxianglove

@xiangxianglove2

2020.2.3

アドベンチャーワールド

永明さんの成都ジャイアントパンダ繁殖研究基地への旅立ちが、二度と会えなくなる、と、とてもショックをうけました（；；）元気で過ごしているようですね (^^)

神戸市立王子動物園 賞

審査員からのコメント

まぶしい日差しのなか、大好きなネマガリダケの葉の香りをチェックしているところでしょうか。それとも何か考え事でもしているのでしょうか。穏やかなタンタンの表情と相まって、鮮やかな緑を背景に、爽やかさを感じる1枚です。

マサヒロ　@KEZCDHTK326

2018.9.9　神戸市立王子動物園

笹を食べるタンタン、1番好きなタンタンのポイントは優しい表情です。

毎日パンダ 賞

審査員からのコメント

レイレイが食事をしていると、きまってシャオシャオが乱入してきます。まわりに美味しそうな竹がたくさんあるのに、あえてレイレイのところにきてちょっかい出したり奪い取ったり。やんちゃ炸裂なシャオシャオですがそんなところも可愛くて憎めない存在です。

パンダパンナ

@panda_panna_

2023.5.19　恩賜上野動物園

シャオくんの脳天チョップを受けながらも、どっちり食べ続けるレイちゃん♡大物の予感しかないレイちゃんです。

日本パンダ保護協会 賞

審査員からのコメント

野生のパンダは5ヶ月齢以上になると、多くの時間を木の上で過ごすようになる。その姿は様々であるが、体の柔軟性があるためバランスがとれている。そうしたパンダの特性が、撮影者が「双子ならでは」というように、動物園らしさの中でも示されている。

エリシャン　@chapter1yolo

2022.4.14　恩賜上野動物園

シャオシャオが下から登ってきて、レイレイは様子を伺おうとちょうど下を向いたところです。木に登ってるところを見られただけでなく双子ならではのショットが撮れて嬉しかったです！

和華編集部 PICKUP ！

ときめきパンダ

こちらのコーナーでは、編集部が写真をピックアップさせていただき、勝手に独自の賞を付けさせてもらいました。素敵な作品ばかりです。お楽しみください！

一緒に横たわりたいで 賞

mako　@mikenyaagu
2023.1.30　アドベンチャーワールド

もっと可愛いお写真あったでしょって彩浜に怒られそうだけど、私のお気に入り♡いい夢見ていそうだね。

ゴロンゴロンで 賞

伝説のトトロ　@totoro1653
2020.12.14　神戸市立王子動物園

仕事終わりに行った王子動物園にてタンタンさん。ゴロ〜〜〜ン。体柔らかいですね〜、羨ましい。また元気な姿を見たいなぁ〜。

ナイスおさまり具合で 賞

saoxiang　@Xiang915
2018.12.15　神戸市立王子動物園

この日が初タンちゃん。噂通り唯一無二のフォルムに、一目で魅了されてしまいました。もらったタケが美味しかったのか、ご機嫌でモグモグしていて、とってもかわいかったです。

アクロバティックで 賞

おっち　@occhi_chi
2019.5.1　アドベンチャーワールド

アクロバティックな結浜。木に登ってゆらゆら揺らしたり、逆立ちしたりしてお客さんから驚きの歓声があがってたね。

見事な丸みで 賞

ゆちゃん @9d9APKsm1bxbewf
2023.2.5 アドベンチャーワールド

キレイな丸。美しい毛並み。笹団子添え。

茶目っ気たっぷりで 賞

panpanda565 @punkmako
2019.7.26 アドベンチャーワールド

結浜はパンダラブに引っ越してからずっと眠り姫で、この日も起きてる所は一度も見られなかったですが、こんなクセの強い寝方でぐっすり寝てる所が見られました。

尊すぎる微笑みで 賞

non @nonttan2_non
2018.8.14
神戸市立王子動物園

大好きな大好きなタンタン。タンタンの写真はどれも大切な宝物ですがこちらの1枚は口角をキュッとあげてとっても愛らしいお顔が撮れました。私はタンタンが世界一大好きです。

尊いで 賞

annyeong_kelly　@Evergreen_of_NC
2023.5.19　恩賜上野動物園

ちょっかいを出しに来るシャオシャオに「やめなしゃいってばぁ」とレイレイ。ふたりは仲良し。

伸び伸び～で 賞

usahana1103　@usahana1103
2021.12.19　神戸市立王子動物園

体調管理のため、観覧を一時中止していたタンタン。受付時間を 2 時間に制限し、12/14 より観覧を再開していただいた時の貴重な一枚です。緊張しながら観覧通路へ向かうと、無防備な姿で寝ていました♡

仲良し親子で 賞

パンダパンナ
@panda_panna_
2022.11.22　恩賜上野動物園

親子スリーショット。フォトジェニックなレイちゃん♡坊っちゃん感満天なシャオくん♡ご機嫌シンシン。しあわせのお裾分けをいただきました♪

暑いな～で 賞

虹まる　@sausu2451
2020.7.27　神戸市立王子動物園

夏は暑いのでお庭にミストが出ます。気温が高い日は朝少しだけお庭に出て 1 時間くらいでお部屋に入ります。お気に入りの石の上でノンビリ。

てへぺろで 賞

chica　@unachicaguapa12

2021.3.16　アドベンチャーワールド

大きなお耳とまんまるお顔の浜家を代表する美パンダさん。パンダラブの名所「社長席」に鎮座するも偉そう感ゼロの平社員風。いつもの舌ペロも披露しちゃう。

日向ぼっこで 賞

はるらて　@hauax

2021.3.29　神戸市立王子動物園

木にもたれて一休みタンタンさん。こんな姿でも素晴らしい絵になるのはさすが神戸のお嬢様たる所以。

男の色気が漂っているで 賞

ごんちゃん　@gonchan55555

2023.1.7　アドベンチャーワールド

永明さんのこの優しい表情。
さすがジェントルマン永明さん。
口元が抜群なんです。

ほのぼのな気持ちになるで 賞

みゆひん　@MV6YPrfFXmxjqGp

2019.10.15　アドベンチャーワールド

もうすぐ母子分離の彩浜と良浜。おっぱいタイムからわちゃわちゃと仲の良い親子でした。らうちゃんの可愛い笑顔がウチの子可愛いでしょうと言ってるようでした。

しもしも〜で 賞

pandakky　@pandaAhin

2022.5.22　アドベンチャーワールド

昨年中国へ旅立った大好きな桜浜。ソフトバンブーのスマホで電話しているようです。中国からもママや妹たちに電話してくれていると妄想できる大好きな１枚です。

お花畑の中で極楽で 賞

kinoborisukio

@kinoborisukio

2022.6.2　アドベンチャーワールド

パンダ界のレジェンド永明さん。四季折々のお庭で優雅にお食事をされている姿に元気をもらいました。

まるっ！で 賞

てんこ　@tenkoutantan

2018.8.18　アドベンチャーワールド

オッケー結浜。お耳はどこですか〜。結浜に初めて会った日でした。かわいい仕草でお出迎えしてくれました。

グッド足上げで 賞

アルカディぱんだ @ArcadiPandA
2020.12.6 神戸市立王子動物園

ピンと足を上げて竹を必死で取るタンタンさんのお姿がまるで「いっちに！さんしっ！」とストレッチしてるようでとても可愛い一面が見られました。

きゅんな食い込みで 賞

ちゃぴかな
@CPikana60699
2022.3.27 恩賜上野動物園

初めてシャオくんと出会った日。後ろ姿だけしか見られなかったけど、それだけでも充分と思える可愛さでした。

御祈祷してもらいたいで 賞

usataro @usataro4
2020.11.20 恩賜上野動物園

真剣な眼差しで笹選びをしているシャンシャンですが、「シャンシャン様！ご祈祷お願いします！」と思わず言ってしまいそうな１枚でした。

和華の「輪」

日中文化の魅力を
再発見する

waka

A Japan-China culture magazine

日中文化交流誌

通算25年中国駐在の元外交官・瀬野清水氏が語る

私とパンダと、そして中国

文・写真／瀬野清水

写真／CTP

パンダの可愛さはどこから来るのだろう。見る人全てを笑顔にし、心を癒やし、平和な気持ちにしてくれる。人間の世界では、束の間の平和を享受したかと思うと突如として戦争を仕掛け、いつも何処かで愚かな戦争が繰り返されている。そんな人間界を尻目に、日がな一日、のんびりと笹を喰んでいるパンダを見ていると、天が地上に遣わした平和の使者のようにさえ思える。パンダの魅力が何処から来るかについての分析によると、白黒はっきりしたツートンカラー、体全体が丸みを帯びたぬいぐるみのような親近感、人間に似たユーモラスな仕草、外見からはオス、メスの区別がつかない中性性などが挙げられている。ある漫画家は、可愛い子どものキャラクターを描くには、顔の輪郭と目を大きくし、鼻や口などのパーツを目とほぼ横並びに、顔の下側に寄せて配置することだという。まさにパンダが備えている要素と言えよう。

なお、パンダは800万年前から生存する「生きた化石」とも言われる。元々は猫や狐の大きさで肉食であったものが、その後、生存のために竹を食べるようになった。パンダはネパール語で「竹を食べる動物」を意味する言葉と言われる。1820年代に発見された体重約6キロの猫によく似た、木の上で竹を食べる動物のことをパンダと呼んでいたが、約50年後の1869年に地上で同じ竹を食べる体重100キロ越えのパンダが発見されたため、前者をレッサー（小型の）パンダ、後者をジャイアント（大型の）パンダと区別して呼ぶようになった。本コラムでパンダと呼称しているのは言うまでもなくジャイアントパンダを指している。

　私が初めてパンダと出会ったのは1977年の上海だ。前年に「四人組」が逮捕されていたが、文化大革命の余燼はまだ残っており、当時私が働いていた在上海日本総領事館を所管する政府機関は「上海市革命委員会」と称していた。このいかめしい名前の外事部門が私たち外交団を上海雑技団の公演に招いて下さった。外交団と言っても当時は日本とポーランドしかなかったように記憶する。サーカス場のような円形の舞台で、皿回し、ジャグリング、足芸などに混じってパンダの出し物が入っていた。子犬が押す乳母車にパンダが乗ってラッパを吹きながら会場を一周したり、よちよち歩きで滑り台に上って、人間の子どものように両足を前に出して滑り下りたりといった芸だったが、パンダが登場した途端に会場が笑顔と拍手で包まれて、大きく盛り上がった。1972年に上野動物園にランラン、カンカンが来て5年後のことであったが、私は上野で見ることができなかったパンダを本場中国で見られたことに大きな感慨を覚えた。

　2度目のパンダとの出会いはそれから17年後の1994年、深圳市を訪れた日本の客人をもてなすために、深圳動物園のパンダを特別に見せて頂く機会があった。飼育員から「パンダに触って見ますか」と促されて、その客人は軽くパンダをなでて毛ざわりを確かめていた。次いで私にも「あなたもどうですか」と誘われたのだが、その場の主役は客人であったので随行員の私に遠慮があったことや、それ以上に子どもの頃に犬の頭をなでていて思い切り咬まれた経験がトラウマになっていたことから、その貴重な誘いを断ってしまった。あれから30年、その間もパンダには何度も出会う機会があったのだが、ついぞ触る機会はやって来ず、あのとき触っておけばと未だに後悔している。

　3度目のパンダとの関わりは、40年近い外務省生活を定年退職後のことだった。職業人生の第2のスタートとして、私は中小企業の海外進出を手伝う仕事に決めていたのだが、ほぼ時を同じくして、東日本大地震で大きな被害を受けた被災地の子どもたちに一瞬でも笑顔が戻り、夢と希望を届けられるよう、仙台にパンダを招請する仕事を手伝ってもらえないかとの依頼があった。外務省退職直前の勤務地が重慶であったため、四川省で野生のパンダが生息する保護区やパンダを繁殖させる研究基地への土地勘や人脈があったことが、私に白羽の矢が立った理由のようだった。パンダが被災地にやって来るまでの2、3年のことならと、中小企業を支援する仕事はしばらく待ってもらい、パンダ誘致の話を引き受けることにした。話はトントン拍子に進むかに見えた。震災から1年半後の2012年の後半には今にも実現しそうであったが、「好事魔多し」で残念ながらその年の後半には尖閣諸島の「国有化」をめぐる反日デモが中国各地で巻き起こり、日中関係は悪化、パンダを語れるような友好的な雰囲気はすっかり吹っ飛んでしまった。日中関係はこれまでもそうであったように、一時は悪化してもいずれ元の軌道に戻る日が来るに違いないと、私たちは時を待ちつつ、時を作る努力を続けることにした。最低でも年に一度は訪中し、中国でパンダを所管する国家林業局や中国野生動物保護協会を訪ねては仙台八木山動物公園の最新の整備状況やパンダ舎の基本構想や、新たに飼育員を増員したことなどを報告し、民間の立場でできる限りの信頼関係を深めることに努めた。

　その過程で、毎年11月上旬に成都で開催される中国パンダ繁育技術委員会の年次総会に参加されてはどうかとのお誘いがあり、2016年からコロナウイルス禍で中国への渡航が中断する直前の2019年までの4年間、仙台市の動物園関係者と共に参加させて頂いた。世界パンダ会議と略称されるこの会議には、中国国内はもとより世界各地のパンダを飼育している動物園やパンダ研究関係者200人余りが一堂に会し、パンダをめぐるあらゆる研究成果を報告していた。会議の合間には成都市内にあるパンダ保護研究センターの見学ツアーが組まれていたりして、パンダが主役の、わくわく感に満ちた楽しい会議であった。宿泊先に指定されたホテルも、ロビーに足を踏み入れた瞬間から、エレベータ内やホテルルーム、室内のベッドカバーや枕、トイレやバスルームに至るまで、これでもかと言わんばかりにパンダのイラストやぬいぐるみが飾られ、パンダ愛に溢れていた。パンダ基地のバックヤードがミントのような爽やかな竹の香りに包まれていて、その香りがパンダの糞から来るものだと知ったのも大きな驚きであった。パンダの糞は緑っぽい色をしていて、竹の繊維がそのまま残っているので、私が訪れた頃はこれを利用した紙作りができないかと模索中

であった。今ではすっかり技術も確立したかのようで、先日訪れた上野動物園でもパンダの糞製のカレンダーが物販コーナーに並んでいた。

　この世界パンダ会議では様々な研究成果が報告されることは前述した例えば、野生のパンダは、2015年の中国政府による調査結果では1864頭で、前回2003年に実施した調査結果である約1600頭から約17%増加しており、一方で飼育下のパンダも600頭を越えるようになった。このことから、2016年には国際自然保護連合（IUCN）のレッドリストでパンダはもはや絶滅危惧種ではないとされ、1ランク下の「危急種」に引き下げられた。

　ちなみに2022年10月の時点で世界の飼育パンダは673頭と、10年前の2倍近くにのぼっているが、2016年の世界パンダ会議では「危急種」に引き下げられたからと言って保護の手を緩めてはならないと呼びかけていた。SNSなどで発信される誤情報や中傷への対策、1年に3日しかやってこないパンダの発情期や偽妊娠の見極め方、パンダへの負担が少ない状態で採血や健康診断を行なうためのハズバンダリートレーニング経験の共有、親パンダから子パンダを引き離すタイミング、パンダがかかりやすい疾病とその治療法、野生パンダ保護地域内の天敵や野犬対策、野生復帰に必要な訓練と技術の蓄積、パンダの高齢化問題など。世界の研究者がそれぞれの動物園で経験した繁殖や飼育上の問題点や研究成果を発表していた。他の絶滅に瀕した野生動物への対策に参考になるのみならず、地球温暖化や環境破壊問題、高齢化社会と人口減少問題など、さながらパンダを通して人間社会の問題を見ているようで興味は尽きなかった。

　さて、日本への新たなパンダの誘致では、昨年11月22日、北京を訪問中の公明党の山口代表が、中国共産党序列5位の蔡奇氏との会談の中で、仙台市へのパンダ貸与を求める郡和子市長の親書を手渡し、仙台市にパンダを貸与するよう要請したという。報道によれば、蔡奇氏は「意思疎通を深め、前に進んでいこう」と前向きな姿勢を示したという。昨年、日中共同で実施した世論調査では、中国に親しみを感じないと回答した日本人が92%を超え、対中好感度が過去最悪の数字になった。国民感情は常に流動的で、何かのきっかけさえあれば大きく揺れ戻るものであるが、今の日中間に求められるのは冷え切った心を温め、悪化した国民感情を解きほぐす心温まる物語である。シャンシャンに会いに成都ま

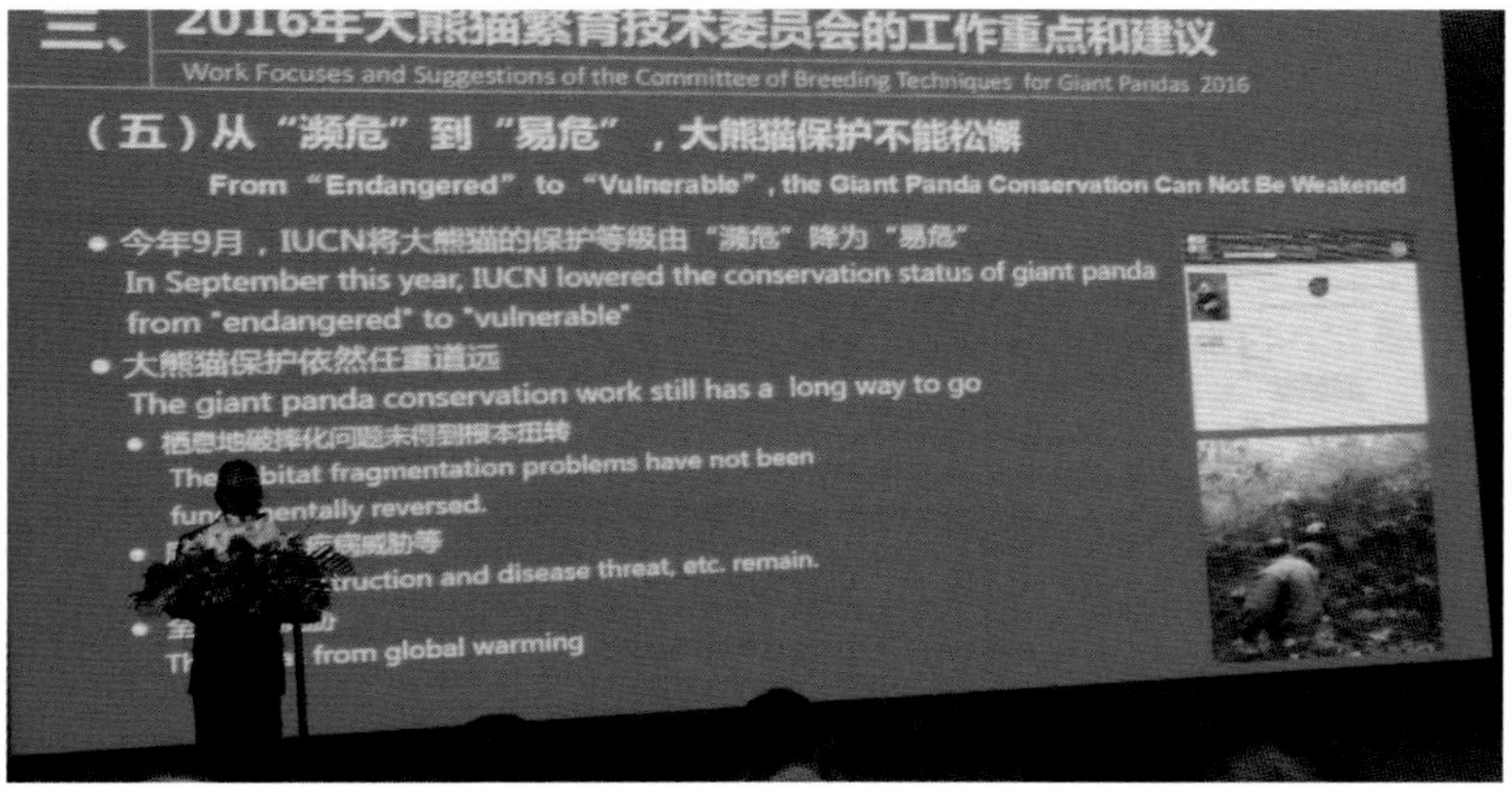

でいたという。で行く若者や、シャンシャンが日本を離れるときに上野動物園から成田まで涙ながらに見送ったファンが大勢いたという。「カワイイ文化」を世界に発信してきた日本人はパンダが大好きだ。仙台でのパンダの繁殖研究を通じて、多くの日本人が中国への関心を深め、パンダをきっかけにもっと中国のことを勉強しようという若者が増えてくることを期待したい。山口代表の訪中によって少しでもパンダ来日の動きが出てきたのではないかと喜んでいる。

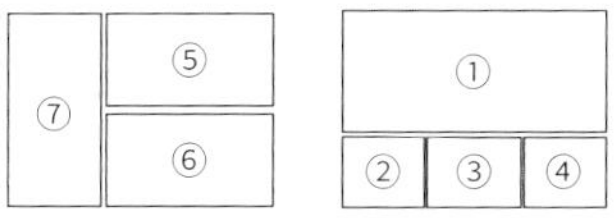

①世界パンダ会議の合間を縫って成都にあるパンダ保護研究センターを視察した ②会場付近のパンダの大歓迎 ③朝食のメニューにもパンダが ④地下鉄の駅名もパンダ大道⑤パンダが絶滅危惧種から危急種に1ランク引き下げられた2016年の世界パンダ会議の模様。パンダの頭数が増えたからと言って油断してはならないと訴えている⑥会議のテーブルにもパンダのぬいぐるみとイラスト入りのペットボトルが置かれていた ⑦成都のパンダ保護研究センター都江堰基地の前で。香港特別行政区の支援に感謝して臥竜神樹坪基地とともに、香港特区の市民の入園料は無料になっている。

瀬野《せの》 清水《きよみ》

元在重慶日本国総領事館　総領事

1949年長崎生まれ。75年外務省に入省後北京、上海、広州、重慶、香港などで勤務、2012年に退職するまで通算25年間中国に駐在した。元在重慶日本国総領事館総領事。現在、（一社）日中協会理事長、アジア・ユーラシア総合研究所客員研究員、成渝日本経済文化交流協会顧問などを務めている。共著に『激動するアジアを往く』、『108人のそれでも私たちが中国に住む理由』などがある。

成都パンダ保護研究センターで昼寝中の子パンダ

日中友好青年大使から見た中国

私が起業を志したきっかけと教育分野における今後の展望

文・写真／井上正順

連載 第12弾

7家国家高新技术企业
8个研发基地
20+位学术咨询专家（含两院院士）
562+工程师+ 19+外部创新开发者
0+项专利+ 0+软件著作权
统一调度的私有云 + 公有云的混合容器云
核心应用符合等级保护3级
ISO20000 认证（IT信息技术服务管理体系）
ISO27001 认证（信息安全管理体系）
ISO9001 认证（质量保证体系）
民生教育
MINSHENG EDUCATION
2023年11月　中国国内大手教育会社を訪問

２０１９年6月10日、ちょうど修士論文の発表会が終わってから約1ヶ月後、私は人生で初めて成都に来た。卒業旅行であれば気楽だが、ここに来たのは友人と起業準備の視察をするためだ。自身の中国留学体験、そして前職の大学職員時代の経験から、教育を通して日中両国の交流促進を志し進路に悩んでいた私。そんな中、学部時代から親交のある中国人の友人と食事をしていた際に教育関係で一緒に起業をしようと誘われ、その場の流れで成都への視察に同意した。

教育をやりたいのに、なぜ四川省なのか?と疑問を持つ方も居るかもしれないが、成都市の経済発展は著しく、未来の中国ＴＯＰ都市を示す新一級都市ランキングでは10年以上1位に君臨している。また当時日本語を使って中国の「高考」（日本のセンター試験に相当）を受けるブームが起こっており、２０１６年から２０２０年の間だけで日本語を使って受験した人数は９６００人から9万６０００人と10倍にもなった。政策においても、日本の短期大学に相当する「大専」も海外の教育機関と提携して海外に出ることを推奨するようになり、学校のリソースが非常に豊富な四川省内でも今後より一層日本語の需要が高まることを想定し、四川省の首都である成都を選んだ。

その後は何度かコラムにも記したが、新型コロナウイルスの影響で夢半ばで日本に帰り、現在は日中友好協会という立場から教育交流を推進している。直近では「漢語橋」世界中高生中国語コンテスト、青年訪中団の運営や引率、中国側の大学や教育機関と業務提携を結び、日本と中国の青少年往来や留学を促進するための活動を行なっている。

新型コロナウイルス感染症の世界的な大流行後、世界中の往来が中断し、既存の留学プログラムや提携が廃止されたり、留学希望者が減少してしまうなど、現在でもいくつかの問題が残されている。中国国内においても、学習塾や家庭教師の運営が規制されるようになり、教育や留学会社の株価が一時期大暴落するなど大きな影響があったと聞く。しかしこのような変革は遅かれ早かれ通る道のりであり、そこからど

2019年7月　四川省最高学府である四川大学　ここでは毎週金曜日夜に外国語を学ぶ学生が集まる外国語コーナーが開催されている

2019年6月　初めての四川省成都起業視察の旅が始まる

2023年8月　中国・重慶市からの青年代表団が訪日　日本伝統文化である盆栽を一緒に体験

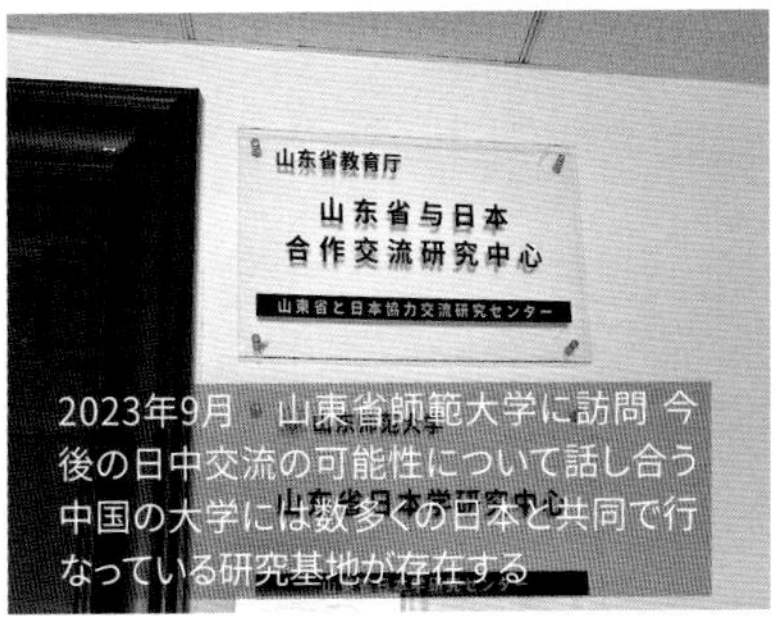

2023年9月　山東省師範大学に訪問　今後の日中交流の可能性について話し合う　中国の大学には数多くの日本と共同で行なっている研究基地が存在する

のような過程を経て新たなスタンダード様式が定着していくのか注視していくことが大事である。またこのような変革期にこそ、多くのビジネスチャンスが存在しているとも考える。

コロナ禍においても、例えば中国語検定試験ＨＳＫの受験者数はコロナ禍前と同様の数値で推移している。今後ビザ規制が緩和され、中国への旅行や学校間プログラム等での渡航が増えれば、日本人の中国留学の数も自ずと回復してくるのではないだろうか。中国においても、アメリカの中国人留学生へのビザ規制問題や、上述した「高考」の影響で、日本語学習者や留学希望者は今後も順調に増えてくるだろう。

最近中国では中外人文交流を更に促進する動きがあり、中国と海外の学校間において姉妹校締結、オンラインや対面での相互交流の機会創出を狙っている。このように中国サイドの動きで日本との学校交流が促進されていけば、日本人の対中理解が促進され、将来の留学希望者も増えることになるだろう。このような流れに対し、スパイ行為だ、侵略戦略だ、などと言う声もあるかと思う。しかし、日本にこれだけ中国人が増え、中国企業の進出も増えてきている中、中国に対する理解に力を入れよう、中国語や中国文化の学習、中国留学を推進して、日本人の中国語人材を育成しようという動きが無いことに疑問を抱かないのだろうか。日中の交流はどこまで行っても民間交流が根幹であり、大変な時だからこそ、しっかり中国と対話し、交流することが大事である。そして今後は、日本と中国、ひいてはそれ以外の周辺諸国に点在する問題に関しても、対話による平和的解決が促進されるよう、日本の中においても中国をしっかり理解する人材、対話や交渉ができる人材を民間レベルで育成できるよう、これからも精進していきたい。

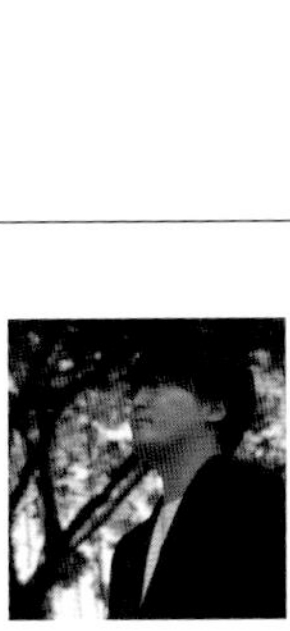

井上《いのうえ》 正順《まさゆき》

1992年生まれ。北京語言大学漢語国際教育専攻学士・修士号取得。留学中は北京語言大学日本人留学生会代表、日本希望工程国際交流協会顧問等を歴任。2019年に中国でスタートアップを経験。2020年9月に学友と日本で起業。東京都日中友好協会では副理事長、日中友好青年大使として様々な日中交流活動を企画・運営している。

元NHK名プロデューサー加藤和郎のしらべもの

パンダが愛される理由《わけ》

パンダブーム到来後、私は1975年NHK長野放送局に配属されました。長女の小学校入学祝いに3時間かけて上京し、上野動物園で1時間並んでから、ようやくパンダを見せることが出来ました。パンダが、なぜそこまで皆に愛されるのか。今回は魅力の原点を探ってみましょう。

文／加藤和郎

連載 第9弾

日本人が憧れた「ものぐさ」で優雅な動作

熊の仲間のパンダが、オリの中をそわそわと動き回っていたらどうでしょうか。ちょっぴり怖いかもしれません。しかし、座り込んだまま、ゆっくりと器用に笹を食べ、すばしっこい動作は一切見せません。昔の日本人は、行動することを面倒に感じてすぐには取り掛からず手を抜いたりする様子を「ものぐさ」と言って非難する一方で、そのように振舞える様子にうらやましさを感じていたようです。

日本人はあくせく働きすぎることを、世界から批判の目で見られるのですが、実は「ものぐさ」に憧れや、うらやましさを感じる気持ちも強いのです。それは、日本昔話『ものぐさ太郎』が長い間読み継がれてきたことから実証できます。

『ものぐさ太郎』は、寝っ転がってばかりで働かない男が、ある時都に出て、人が変わったように真面目になり、出世していくというお話です。和歌を詠めるということが幸いして、お姫様に気にいられます。出世の努力を怠らない貴族や教養ある姫には、ものぐさ太郎になにかしらの才気を感じたのでしょうが、せわしく動かずに、ものぐさだったからこその出世物語ともいえます。

「ものぐさ」は見ようによっては、優美な仕草さに受け取れますからね。パンダも、ものぐさな動きが優雅さを醸し出しているのかもしれません。

ところで、「がっつく」という言葉があります。むさぼるように食べる。また、程度を超えて物を欲しがる下品な態度です。「たくさんあるから、そんなにがっつくなよ」と、絶対に言われそうの無い、その「おっとり」したパンダの態度に、日本の親たちが、行儀とたしなみの教育効果があるのではないかと思っても不思議ではありません。

動くぬいぐるみが最大の魅力

パンダが愛される所以、それはものぐさな動作だけではありません。よく観察していると、顔の下に前脚を置いて枕にするかと思えば、やぐらの上で仰向けになり頭だけダラーンと垂らして寝るなど、寝姿がさまざまです。遊び飽きた子どもが、手にしていたぬいぐるみをポイと放り出したような無防備な姿にも笑いを誘います。

よいよいよいよい……

ねえ、ねえ、ねえ……
私のこと好きかしら〜♪

【NHKの特集番組『年末ハイライト』「パンダちゃん！」と呼びかける童謡から】

パンダは20m以上の木でも素早く登れるくらい木登り上手ですが、反面、降りる時は背中から転落したり、木の枝につかまって大車輪するように落ちるという不器用な面も。しかし、高い所から落ちてもゴワゴワな毛が守ってくれるので、何事もなかったように走りだすのも見物人の目を楽しませてくれます。そのしぐさといったら「不器用も愛嬌」。

とにかく、頭と目が大きく、鼻がぺちゃんこのパンダ。フサフサ・フワフワの毛をしており、まさに動くぬいぐるみが最大の魅力でしょう。

ベビースキーマと黒白2色の衣装も魅力

ベビースキーマとは、人間や動物の赤ちゃんに見られる身体的な特徴で、「かわいい」と思わせる形態のことです。

オーストリアの動物行動学者コンラート・ローレンツによると、まず、体に対して頭の割合が大きいこと、目が大きく丸くて鼻・口と共に顔の低い位置にあること、頬がふっくらして手足が短く全体として丸みのある体形であること。さらに、動作がぎこちないことなどもあり、赤ちゃんを見るとつい微笑んでしまったり、思わずあやしてしまうのは人間の本能に組み込まれた反応だということです。いずれもパンダにあてはまりますね。身体を覆う白と黒の対比が黄金比の6：4に近いことも、見る側に心地よさを感じさせてくれるようです。

「パンダブーム」は1972年をニュースで振り返るNHKの特集番組『年末ハイライト』でもとりあげられ、今もネットで無料視聴できます。

「パンダちゃん！」と呼びかける童謡をBGMにしたわずか2分の項目ですが、ニュース映像で構成されているため、当時のパンダ人気の実相を今も振り返ることが出来ます。パンダは、自分の腕の中に抱ける「ぬいぐるみ」と同体であったことも映像から推測されます。

ところで、中国からのパンダのお返しに、日本からは何が贈られたのか、知っておいて欲しいですね。それは、2匹のカモシカでした。彼らは今、どうしているのかな。

加藤《かとう》 和郎《かずろう》

NHK 報道局でニュース取材・特別番組の制作、衛星放送局では開局準備と新番組開発に従事。モンゴル国カラコルム大学客員教授（名誉博士）。「ニュースワイド」「ゆく年くる年」などの総合演出。2003 年日中国交 30 周年記念（文化庁支援事業）「能楽と京劇」の一環で北京・世紀劇院での「葵上」公演をプロデュース。名古屋学芸大学造形メディア学部教授を経て、現在はミス日本協会理事、日本の寺子屋副理事長、能楽金春流シテ方桜間会顧問、i-media 主宰など。

中国万華鏡　第7回

四川の老茶館

竹田武史

老茶館「観音閣」の内側は広々とした空間で、地産の竹椅子がぎっしりと並ぶ。早朝から老人たちが集い、談笑やカードゲームに興じている。

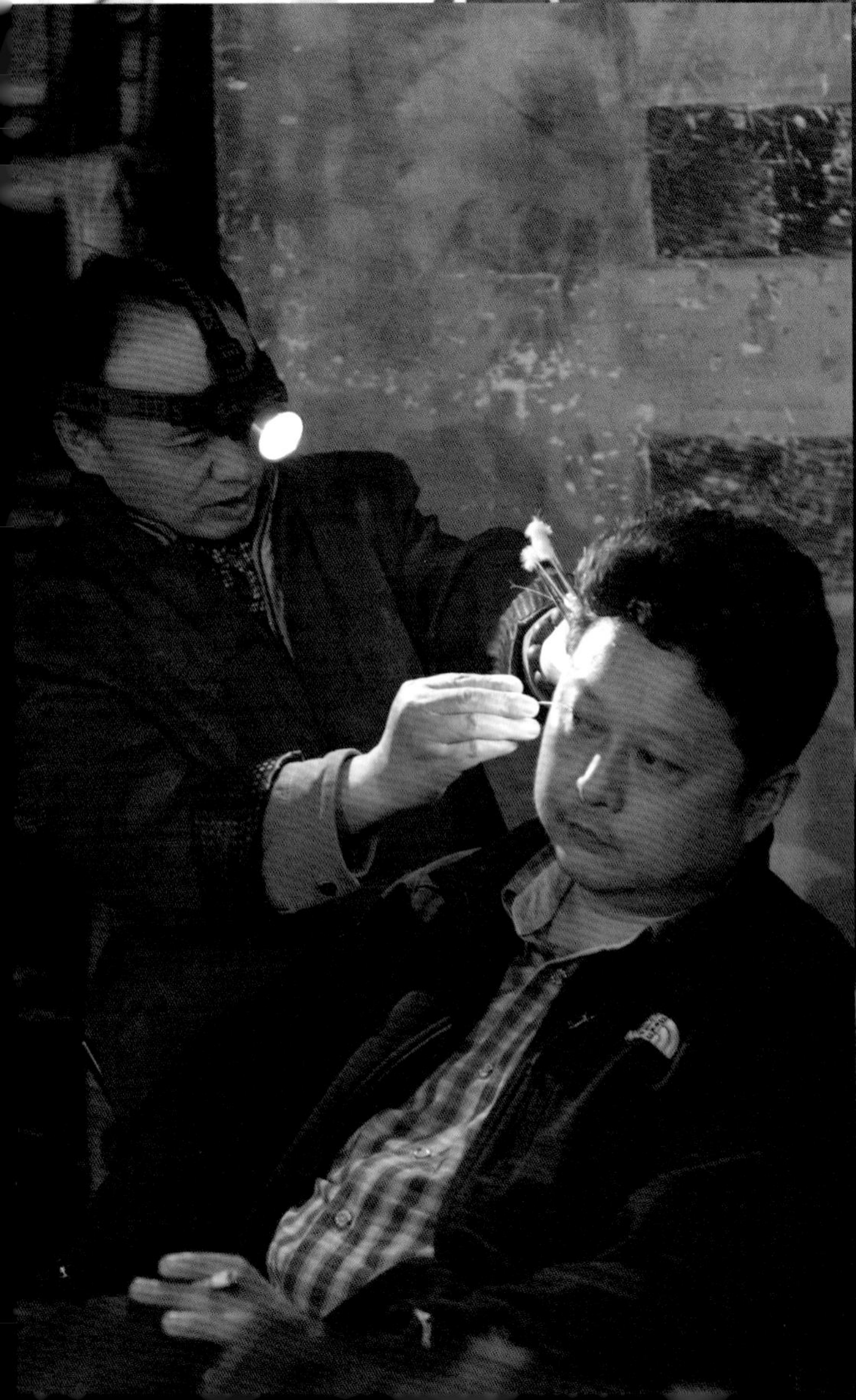

中国万華鏡　第7回

四川の老茶館

四川省は、古来「天府の国」と呼ばれてきました。「天府」とは、天地自然の府庫という意味です。幾つもの河川が潤す肥沃な盆地は、一年を通して温暖な気候に恵まれ、米、麦、油類、綿、麻、サトウキビ、桑、茶、果物、煙草、酒などの農作物のほか、塩、石炭などの地下資源も豊富です。そのため「天府の国」に暮らす人々は、仕事はそこそこに、余暇を楽しむことを何よりも大切にしてきました。そのような昔ながらの四川の暮らしぶりを今に伝えているのが茶館の存在です。

　私が、成都市の郊外にある「観音閣」という名の老茶館を訪ねたのは2018年のことです。その名が示す通り、かつて観音様を祀っていた廟が、共産革命で接収され、政治集会所兼食料や雑貨の配給所として利用された後、改革開放とともに茶館に生まれ変わりました。今日では街の老人たちの憩いの場になっていて、毎日100~300人の客がやって来ます。ちょっとレトロな雰囲気を味わいに市街地からやって来るおしゃれな格好をした若者やカメラを携えた観光客の姿もちらほらと見られました。

　椅子に座って寛ぐ老人たちの背景には、毛沢東の肖像画や文革期のスローガンを描いた漆喰壁が往時のままの状態で保存されています。店主の話では、プロパガンダ映画を制作するための舞台背景として描かれたものらしいのですが、定かなことは分かりません。いずれにせよ、中国全土に吹き荒れた文革時代の遺産を背に、嵐のような時間を過ごした老人たちが、今は互いの過去を詮索することなく、茶を飲みながら談笑しています。今日の茶館に観音像はありませんが、誰もが分け隔てなく、観音様の手のひらの上で、茶がもたらすなごみの時を悠々と楽しんでいるように感じられました。

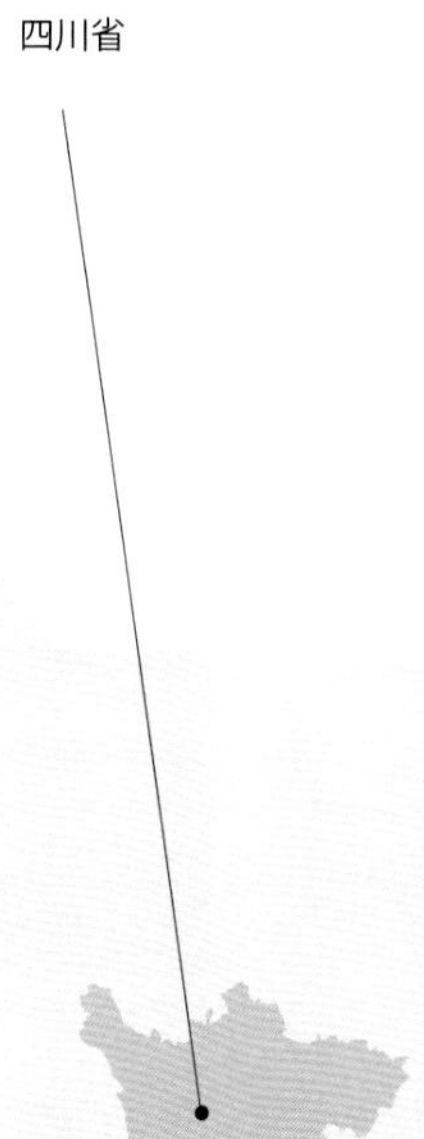

①	
②	③

①お茶は常連客には一杯2元で提供されている。カゴに紙幣を投げ入れて、茶葉を一つまみ入れた茶碗を差し出すと、店主が熱湯を注いでくれる。
②煙管で煙をくゆらせる老人。四川省は茶の原産地であるとともに、煙草の産地としても知られている。
③四川の茶館に欠かせない耳かき屋。七つ道具を駆使して耳垢を掃除してくれる。

竹田《たけだ》 武史《たけし》

1974年、京都生まれ。東京在住。1997年から5年間、日中共同研究プロジェクト「長江文明の探求」(国際日本文化研究センター主催)の記録カメラマンとして中国各地に取材を行う。2001年にフリーランスとして活動開始。ライフワークとして中国、アジアへの旅を続ける。著書に『長江 六千三百公里をゆく』『大長江~アジアの原風景を求めて』『茶馬古道の旅~中国のティーロードを訪ねて』『桃源郷の記~中国バーシャ村の人々との10年』など。日本写真家協会正会員。

和華

waka

A Japan-China culture magazine

日中文化交流誌

小誌『和華』は 2013 年 10 月に創刊された季刊誌です。『和華』の「和」は、「大和」の「和」で、「華」は、「中華」の「華」です。また、「和」は「平和」の「和」でもあり、「華」は、美しい「華」(はな) です。『和華』の名前は、日中間の「和」の「華」を咲かせるという意味が含まれています。その名の通りに、小誌『和華』はどちらにも偏らず、日中両国を比較することによって、両国の文化発信、相互理解と友好交流を目指します。

定期購読のご案内

年 4 冊（1 月・4 月・7 月・10 月発行）

年間購読：3400 円（税込、送料無料）

※お申し込みいただいた号から一年となります。

和華　バックナンバー

第 33 号（2022.4）　第 34 号（2022.7）　第 35 号（2022.10）　第 36 号（2023.1）　第 37 号（2023.4）　第 38 号（2023.7）　第 39 号（2023.10）　第 40 号（2023.10）

第 25 号（2020.4）　第 26 号（2020.7）　第 27 号（2020.10）　第 28 号（2021.1）　第 29 号（2021.4）　第 30 号（2021.7）　第 31 号（2021.10）　第 32 号（2022.1）

第 17 号（2018.4）　第 18 号（2018.7）　第 19 号（2018.10）　第 20 号（2019.1）　第 21 号（2019.4）　第 22 号（2019.7）　第 23 号（2019.10）　第 24 号（2020.1）

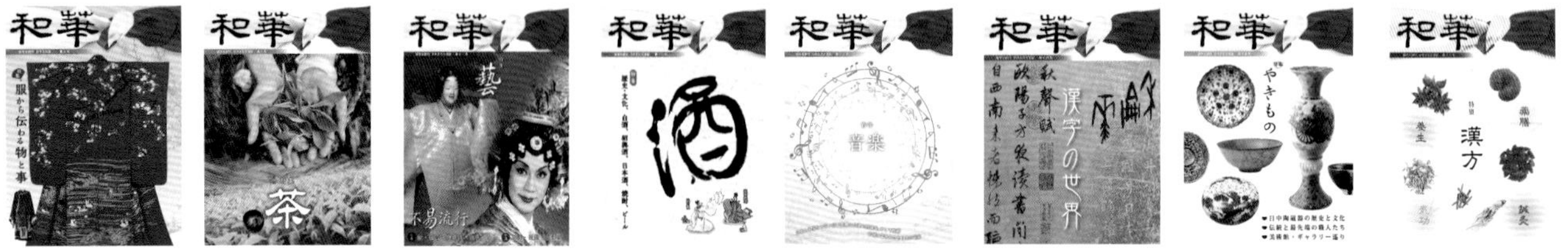

第 9 号（2016.1）　第 10 号（2016.4）　第 11 号（2016.7）　第 12 号（2016.10）　第 13 号（2017.1）　第 14 号（2017.4）　第 15 号（2017.10）　第 16 号（2018.1）

購読申込書とアンケートに必要項目をご記入後、切手を貼って、郵便ポストにご投函ください。
※ハガキの切手代はご負担でお願いいたします。

『和華』購読申込書

バックナンバー購読

『和華』第（　　　）号
の購読を申し込みます。

新規年間購読

『和華』第（　　　）号
から年間購読を申し込みます。

受取人名

送り先住所
〒　－

領収書宛名
（ご希望の場合）

お電話番号
－　－

メールアドレス

通信欄（ご連絡事項・ご感想などご自由にお書きください）

『和華』アンケート

第 41 号 特集「パンダに夢中。」
※該当する項目にチェックをつけてください。

1. 本号の発売、記事内容を何で知りましたか？
□書店で見て　□ホームページを見て
□ Facebook で見て　□他の新聞、雑誌での紹介を見て
□知り合いから勧められて
□定期 / 非定期購読している
□その他

2. 本誌を購読する頻度は？
□定期購読　□たまたま購読　□今号初めて

3. 今月号をご購入するきっかけとなったのは？
□表紙を見て
□記事をみて（記事のタイトル：　　　）

4. 今月号で好きな記事を挙げてください。
□特集（　　　）
□特集以外（　　　）

5. 今月号でつまらなかった記事を挙げてください。
□特集（　　　）
□特集以外（　　　）

6. 今後どのような特集を読んでみたいですか？
（　　　）

7.『和華』に書いてほしい、または好きな執筆者を挙げてください。
（　　　）

あなたのバックナンバー１冊抜けていませんか？

お問い合わせ：
株式会社アジア太平洋観光社
〒107-0052 東京都港区赤坂6-19-46
TBKビル3F
TEL：03-6228-5659
FAX：03-6228-5994

郵便はがき

107-0052

ここに切手を貼って下さい

東京都港区赤坂6-19-46
TBKビル3F
アジア太平洋観光社（内）
日中文化交流誌『和華』編集部
購読係　行

お名前（フリガナ）　　年齢　　歳（男・女）　　ご職業

ご住所　　電話番号　　ー　　ー

ご購読新聞名・雑誌名

郵便はがき

107-0052

ここに切手を貼って下さい

東京都港区赤坂6-19-46
TBKビル3F
アジア太平洋観光社（内）
日中文化交流誌『和華』編集部
読者アンケート係　行

お名前（フリガナ）　　年齢　　歳（男・女）　　ご職業

ご住所　　電話番号　　ー　　ー

ご購読新聞名・雑誌名

和華 waka

第41号

特集 パンダに夢中。

監修 李 国紅
発行人 劉 莉生
和華顧問 高谷 治美
編集長 孫 秀蓮
編集デスク 重松 なほ
デザイナー 鄭 玄青
青 城
編集 井上 正順
杉沼 えりか
校正 Woman Press
執筆 瀬野 清水
加藤 和郎
竹田 武史
アシスタント 孟 瑩
陳 晶
題字 李 燕生
（北京大学歴史文化資源研究所
金石書画研究室主任）
特別協力 中国駐大阪総領事館
中国駐東京観光代表処
日本パンダ保護協会
高氏貴博（毎日パンダ）

定価:850円（本体773円）
『和華』第41号
2024年4月8日 初版第一刷発行
2024年4月22日 第二刷発行

発行:株式会社アジア太平洋観光社
住所:〒107-0052
東京都港区赤坂6-19-46 TBKビル3F
Tel:03-6228-5659
Fax:03-6228-5994
E-mail: info@visitasia.co.jp

発売:株式会社星雲社（共同出版社・流通責任出版社）
住所:〒112-0005 東京都文京区水道1-3-30
Tel:03-3868-3275

印刷:株式会社グラフィック

ISBN978-4-434-33678-2 C0039

写真／CNSphoto